엔씨소프트 넷마블 게임빌 네오위즈 컴투스 골프존 웹젠 넥슨게임즈

게임산업분야 취업가이드

저자 미래기술정보리서치

㈜ 비티타임즈

<제목 차례>

1. 서론

1. 서론

최근 공개된 '2023 게임 산업 10대 트렌드' 보고서에 따르면, 글로벌 빅테크 기업들은 다양한 게임 지식재산권(IP)을 확보하고 자사 플랫폼의 구독경제를 강화하기 위해 인수합병에 적극적으로 참여하고 있다. 마이크로소프트(MS)와 넷플릭스를 예로 들면, 게임 기업 인수에 관심을 기울이며 게임 시장에 진입하고 있다.

빅테크 기업들은 높은 기술력을 활용하여 게임 산업의 플랫폼을 확장하고 있으며, 블록체인, 메타버스, 가상 및 증강 현실(VR/AR) 기술, 클라우드 기술 등을 활용하여 시장을 확대하고 있다.

한편, 국내 게임사들도 인수합병을 통해 블록체인 등 다양한 사업 분야로 확장하고 있으며, 미디어 및 엔터테인먼트 기업과의 협력을 통해 다양한 콘텐츠 IP를 발굴하고 포트폴리오를 다각화하고 있다.

게임 플랫폼의 다양화와 함께 콘솔 게임도 새로운 트렌드로 떠오르고 있다. 모바일 게임이 국내 시장의 지배적인 위치를 차지하였지만, 콘솔 게임 또한 다양한 플랫폼에서 동일한 게임을 즐길 수 있는 멀티 플랫폼 및 크로스 플레이 기반의 게임이 등장하면서 주목받고 있다.

게임 산업은 서브컬처 게임과 메타버스 게임을 중심으로 팬층을 확대하고 IP 확장성을 강화하여 성장할 것으로 예상된다. 또한, 구독 서비스 시장도 확대되어 게임 출시를 통해 초기 이용자를 확보하는 효과를 가져오며, 다양한 형태의 구독 서비스로 발전할 것으로 전망된다.

2. 게임산업 관련 기업들

2. 게임 관련 기업들

가. 엔씨소프트

[그림 3] 엔씨소프트 로고

1) 기업 소개

1997년 설립된 엔씨소프트는 주로 온라인 및 모바일 게임 개발을 수행하는 기업이다. 당사는 2000년 미국 법인을 설립하여 북미, 유럽, 일본, 대만 등에 글로벌 네트워크를 구축했으며, 2015년에는 '세븐나이츠'를 글로벌 시장에 성공적으로 출시하여 태국, 대만, 홍콩, 인도네시아, 싱가포르 앱스토어에서 최고 매출 1위를 기록하는 등의 성과를 얻었다.

주요 사업인 게임 개발 분야에서 엔씨소프트는 2023년 8월 기준 '리니지', '아이온', '블레이드&소울', '길드워', '트릭스터' 등 18개의 게임을 개발하고 선보였다. 그 중, 엔씨소프트의 주력 게임인 '리니지'는 1998년에 출시된 중세 판타지 시대 배경의 MMORPG로, 2008년에는 단일 게임 최초로 누적 매출 1조원을 돌파하여 국내에서 막강한 영향력을 지니며 대한민국을 대표하는 온라인 문화 콘텐츠로 자리매김했다. 당사는 이를 기반으로 '리니지 2', '리니지 M', '리니지 2M', '리니지W' 등의 후속작도 출시하였는데, '리지니W'의 글로벌 사전예약자가 프로모션 시작 15시간 만에 200만 명을 넘어서며 MMORPG 장르 중 역대 최단 기록을 세워 인기를 입증했다.

2023년 8월, 엔씨소프트는 국내 게임사 최초로 자체 개발한 인공지능 언어모델 'VARCO LLM'을 공개했다. 'VARCO'는 'AI를 통해 당신의 독창성을 실현하세요(Via AI, Realize your Creativity and Originality)'라는 의미의 브랜드 명칭으로, 기초모델, 인스트럭션 모델, 대화형 모델, 생성형 모델 등 다양한 종류의 자체 언어모델을 제공한다. 또한, 한국어와 영어를 모두 지원하는 이중언어 모델도 출시할 계획이며, 이후에는 규모 별 언어모델을 순차적으로 공개할 예정이다.

2) 채용공고 소개[1)]

가) 게임 QA(PC/모바일/콘솔) 모집

모집부문	신입/경력	자격요건	근무지
Game QA	신입/경력	**[담당업무]** · QA 계획(일정)과 리스크 분석을 통한 QA 전략 수립 · 게임 개발 및 서비스 관련 프로세스 관리 및 개선 · 효율적.효과적 테스트 기법 및 전략 요구 · 개발, 서비스 중인 게임의 기획 검토 · 테스트 필요 사항 선정 및 테스트 계획 수립 · 테스트 설계 및 테스트 케이스/체크리스트 작성 · 품질 확인을 위한 다양한 테스트 수행 · 테스트 진행 중 발견된 결함 관리 · 전달력 있는 테스트 결과 작성 및 보고 **[자격요건]** · 학력 : 전문학사 이상 · 경력기간 : ~3년 · 게임 개발 및 프로세스에 대한 기본 지식 · 소프트웨어 QA와 테스팅에 대한 기본 지식 · 게임 테스팅 실무 역량(테스트 설계/수행 능력) **[우대 사항]** · 컴퓨터 또는 게임 개발 관련 전공자 · 소프트웨어 또는 게임 개발 경험자 · 테스트 도구 활용 경험자(성능 테스트 툴, 정적분석 툴, 테스트 오픈소스 툴 등) · 다양한 게임 플레이 경험자 · 콘솔 게임 숙련자 또는 콘솔 게임 QA 경험자	경기 (성남)

1) 인크루트

나) 영상 콘텐츠 기획/PM 포지션 모집

모집부문	신입/경력	자격요건	근무지
영상 콘텐츠 기획	경력	**[담당업무]** · 게임 가이드, 팁, 고객 동향, 프로모션 등 자사 게임 관련 영상 콘텐츠 기획 · 그 밖에 고객 서비스 및 사내 커뮤니션을 위한 영상 콘텐츠 기획 · 자사 IP를 활용한 예능/드라마 형식의 다양한 웹 콘텐츠 기획 및 프로듀싱 · 실시간 라이브 스트리밍 방송 연출, 촬영, 송출 부분 지원 · 뉴미디어(유튜브 등) 채널 운영 전략 수립 및 관리 · 프로젝트 관리 업무: 프로세스 수립, 일정 관리, 리소스 확보, 유관 부서 협의 등 · 외주 관리 업무: 대행사 선정, 프로듀싱, 퀄리티 점수 **[자격요건]** · 학력: 없음 · 경력기간 : 2년~ · 영상 콘텐츠 기획 / 제작 실무 경력 · 프로젝트의 기획 ~ 종료까지 주도적으로 진행한 경험 · 디지털 매체 콘텐츠 및 이용 트렌드에 대한 인사이트 보유 · 게임에 대한 높은 관심 **[우대 사항]** · 스튜디오 및 야외 촬영 관련 경험 및 기술을 보유하신 분 (연출 / 카메라 / 조명 / 오디오 등) · 라이브 스트리밍 콘텐츠 기획 및 진행 경험이 있으신 분 · 유튜브용 스낵 컨텐츠를 기획한 경험이 있으신 분 · 게임 방송 및 BJ에 대한 관심과 이해도가 높으신 분 · 자사 게임 플레이 경험이 많고, 현재도 플레이 중이신 분 · 영상 편집 및 이펙트 툴에 대한 이해도가 있으신 분	경기 (성남)

다) [Blade&Soul2] VFX 제작 아티스트 모집

모집부문	신입/경력	자격요건	근무지
VFX	경력	**[담당업무]** · 게임 및 홍보영상에 필요한 다양한 시각적 특수효과 제작 · 그래픽 리소스 제작 · 데이터 관리 및 보수 · 엔진 개선 및 툴 개선작업 지원 · 영상연출효과 제작 · BM 이펙트 제작 · 이펙트 제작 R&D 및 툴 개선작업지원 · 효율적인 일정 및 인원관리 **[자격요건]** · 학력: 없음 · 경력기간 : 2년~ · 시퀀스 텍스쳐 제작, 편집, 합성 능력 · 텍스쳐 드로잉 능력 · 언리얼4 엔진을 사용한 이펙트 개발 경험 · AfterEffect, Photoshop등 리소스 편집툴 숙련자 **[우대 사항]** · MMORPG 개발 경험자 · 상용화 및 라이브 서비스 경험자	경기 (성남)

라) [신규프로젝트] UI/UX 디자이너 모집

모집부문	신입/경력	자격요건	근무지
VFX	경력	**[담당업무]** · UI 디자인 전략 · UI 디자인 가이드 · UI 프로덕션 및 개발 · UI 디자인 리소스 제작 **[자격요건]** · 학력: 없음 · 경력기간 : 2년~ · UI 디자인 관련 업무 경력 **[우대 사항]** · 유니티에 대한 이해와 경험이 있으신 분 · 캐주얼 게임에 대한 높은 이해도를 가진 분 · 다양한 장르의 게임 경험이 많으신 분 · 게임 기획에 대한 이해도가 높은 분	경기 (성남)

3) 전형절차

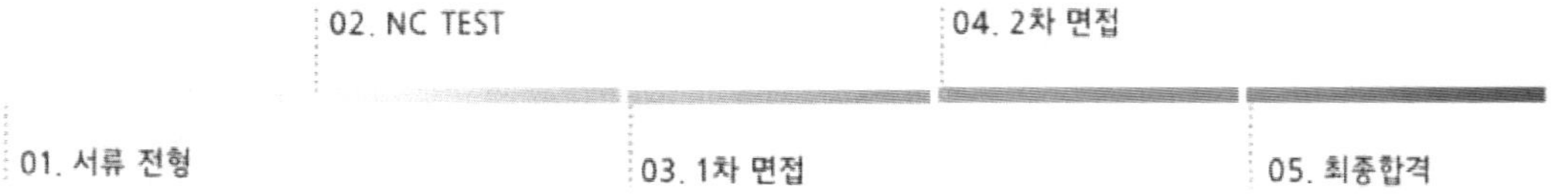

4) 취업 TIP

가) 채용 현황

신입/경력 채용현황

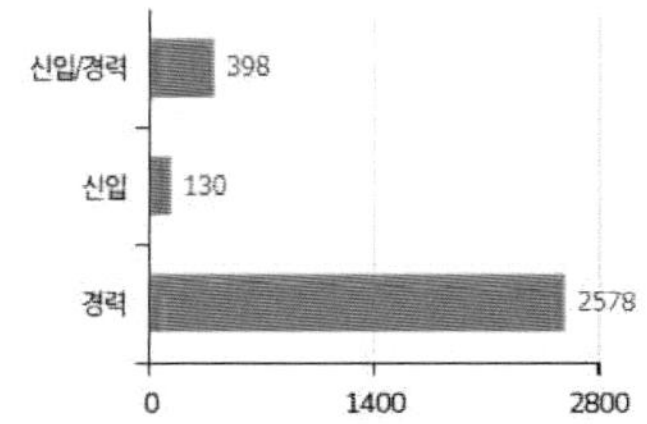

고용형태

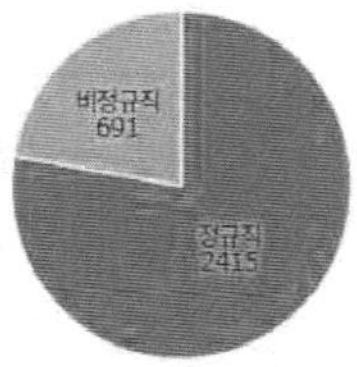

주요 모집 직종

게임 기획	942
게임디자인	672
시스템기획·설계	330
게임운영·GM	244
클라이언트개발	204

최근재직자 현황

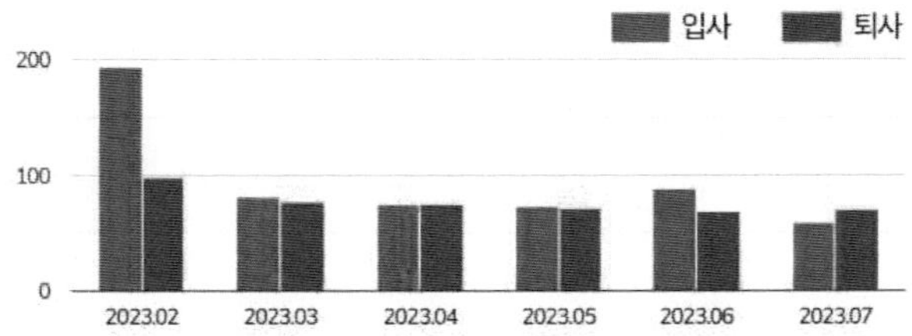

총 인원 5,015명

ⓘ 정보제공 : 국민연금공단

나) 참고 내용

주요 서비스	MMORPG / 캐주얼 게임 / 모바일 게임 / 게임 개발 및 리퍼블리싱
인재상	진지함 / 헌신 / 감동
비전	Conquer the Space! 우주 정복
미션	즐거움으로 연결된 새로운 세상을 만드는 것

다) 직무 소개

Development

- 게임개발
- 데이터 엔지니어링
- 데이터 분석
- 프로그래밍
- 모바일 어플리케이션
- 웹 어플리케이션
- AI Research
- 3D Environment Art
- 게임기획/게임개발PM

Business

- 게임사업

System & Info

- 시스템 엔지니어
- 보안

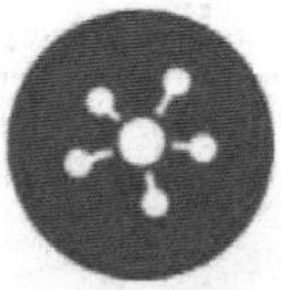

경영지원

- HRM

나. 넷마블

[그림 7] 넷마블 로고

1) 기업소개

2011년에 설립된 넷마블은 유선 온라인 게임 소프트웨어 개발 및 공급업을 영위하는 기업이다. 게임의 주요 라인업으로는 '모두의마블', '스톤에이지 월드' ,'세븐나이츠', '몬스터길들이기' 등이 있다. MMORPG부터 캐쥬얼 장르까지 다양한 라인업을 갖추었으며, 구글플레이, 애플 앱스토어 등 마켓에서 높은 순위를 보이는 게임을 다수 보유하고 있다. 마블 IP 최초의 모바일 오픈월드 액션 RPG <마블 퓨처 레볼루션>은 사전 다운로드만으로 한국과 미국, 일본 등 글로벌 78개국 앱스토어에서 인기 순위 1위를 달성했다.

또한 넷마블은 2022녀 상반기에 '세븐나이츠 레볼루션'과 'BTS드림 타이니탄 하우스'를 국내와 글로벌 시장에 선보여 게임 유저들을 공략할 예정이다. 그리고 스튜디오드래곤과 지식재산권(IP) 공동 개발을 위한 업무협약(MOU)을 체결하여 IP 초기 기획단계부터 세계관, 시나리오 등을 공동 개발해 각각 게임과 드라마로 제작할 계획이다. 최근에는 메타버스 플랫폼 '게더타운'을 통해 게임콘서트를 개최하며 게임과 모든 산업을 연계한 최신 정보를 제공하고 전문가들의 게임산업 트렌드와 비전을 공유했다.

2) 채용공고 소개[2)]

가) 보안개발(게임) 담당자 모집

모집부문	신입/경력	자격요건	근무지
개발	경력	**[담당업무]** · 게임보안 모듈 개발 · 멀티플랫폼 보안모듈 개발 · 업무 자동화 도구 개발 **[자격요건]** · 중급 이상 수준의 C/C++ 개발역량 및 3년 이상 경력 · 프로그램 동작에 대한 이해를 가지고 있으신 분 · 능동적이며 책임감을 갖추신 분 · OS에 대하여 기본적인 이해를 가지고 있으신 분 · 새로운 일이나 새로운 프로그램 언어에 대해서 거부감이 없으신 분 · 프로그램에 대한 리버싱, 디버깅이 가능하신 분 · 팀 플레이가 가능하신 분 **[우대사항]** · 보안 모듈 개발 및 설계 가능하신 분 · 보안 제품(모바일, PC, 콘솔 등)에 대한 개발 경력이 있으신 분 · Unity 또는 Unreal에 대한 이해가 높으신 분 · 블록체인에 대한 이해가 높으신 분 · OS에 대한 리버싱, 디버깅이 가능하신 분	서울 (구로)

2) 인크루트

나) AI센터 자연어처리 엔지니어 모집

모집부문	신입/경력	자격요건	근무지
개발	경력	**[담당업무]** · 딥러닝 기반 자연어처리 신규과제 연구 및 컨텐츠 제작 지원 - 게임 도메인 특화 기계번역 모델 연구개발 - 게임 용어집 제작 알고리즘 개발 - 거대 언어모델 (ChatGPT, GPT-3), 검색 및 요약 모델 등 딥러닝 모델 기반의 챗봇 제작 **[자격요건]** · 자연어처리 연구개발 및 서비스개발 3년 이상 - 딥러닝 프레임워크(PyTorch) 활용 능력 - 자연어 처리에서 사용되는 오픈소스 활용 능력 - 관련 논문 리뷰 및 구현 능력 **[우대사항]** · 자연어처리 연관 전공 석사 이상 · 자연어처리 관련 주요학회 (EMNLP 등) 논문 출판 경험 · 전략적 사고 및 프로젝트 리딩 능력 · 영어(커뮤니케이션 가능 수준)	서울 (구로)

다) RF프로젝트 3D배경 모델링 모집

모집부문	신입/경력	자격요건	근무지
개발	경력	**[담당업무]** · UE5를 활용한 PBR 기반의 3D배경 오브젝트 제작 및 최적화 **[자격요건]** · Unreal engine5 사용 가능하신 분 · 3DsMAX, 큐겨노, Substance, Photoshop을 능숙하게 다룰 수 있는 분 · PBR 및 3D배경 데이터 최적화에 대한 이해도가 있으신 분 · Sci-Fi 모델링 제작의 이해도가 높으신 분 · 협업을 중요시하여 구성원간 원활한 소통이 가능한 분 **[우대사항]** · SpeedTree 유경험자 및 자연물(식생) 제작 경험이 많으신 분 · 실사 아트 스타일 추구하시는 분 · 오픈 월드 MMORPG 개발 및 상용화 경험이 있으신 분 · 보훈대상자 및 장애인은 관련법에 의거하여 우대 · 해외여행에 결격사유가 없는 자	서울 (구로)

라) AI센터 컴퓨터 비전/그래픽스 연구개발자 모집

모집부문	신입/경력	자격요건	근무지
연구개발	경력	**[담당업무]** · 컴퓨터비전/딥러닝 기술을 활용하여 기존 게임/그래픽스 품질 향상 및 신규 AI 서비스 개발 지원 · 이미지 생성 AI 서비스 개발 - Multi-modal AI/Stable Diffusion 기반 이미지 생성 기술 · 얼굴 및 몸통 애니메이션 생성 솔루션 개발 - Speech-driven 3D Face Animation 기술 - Single/Multi-view Human Pose Estimation 기술 · 이미지 기반 상황 인지 솔루션 개발 - Small Part Detection/Segmentation 기술 - On-device의 다양한 촬영 조건에 강인한 이미지 인식 기술 **[자격요건]** · 컴퓨터 비전/그래픽스 연구개발 및 서비스 개발 3년 이상 - 딥러닝 프레임워크 (Tensorflow, PyTorch) 활용 능력 - 컴퓨터비전 및 이미지 프로세싱 오픈소스 활용 능력 **[우대사항]** · 컴퓨터공학 비전 전공 석사 이상 · 컴퓨터 비전, 이미지 프로세싱 혹은 그래픽스 연관 전공 · Generative AI, 3D Character Animation 관련 서비스 개발 경험 · CVPR/ECCV/ICCV 등 컴퓨터비전 관련 주요 학회 논문 제출자 · 언리얼/유니티 등 게임 엔진 사용 경험 · 전략적 사고 및 프로젝트 리딩 능력	서울 (구로)

3) 전형절차

4) 취업 TIP

가) 채용 현황

신입/경력 채용현황

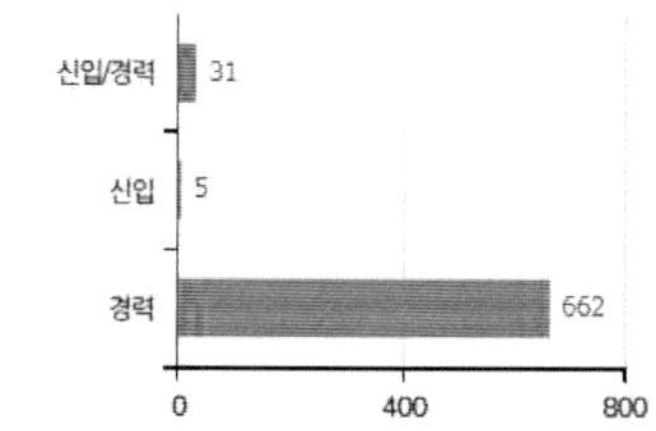

고용형태

주요 모집 직종

게임기획	92
백엔드	66
게임디자인	62
프론트엔드	53
마케팅기획	45

나) 참고 내용

주요 서비스	리니지2:레볼루션 / 모두의 마블
인재상	Passion / No.1 / Challenge / Innovation
비전	Great Game Culture Company
미션	We entertain the world with fun games.

다) 직무 소개

개발	디자인	사업	경영
· 게임기획	· 원화	· 퍼블리싱	· 글로벌전략
· 클라이언트 개발	· 모델링		· 마케팅
· 서버	· 애니메이션/이팩트		· 서비스기획
· 게임플랫폼	· UI디자인		· 경영기획
· 품질관리(QA)			· 경영지원

다. 게임빌

[그림 11] 게임빌 로고

1) 기업 소개

게임빌은 2000년 설립되어, 모바일게임 시장 형성 초기부터 지금까지 100여개에 이르는 모바일게임을 개발 및 서비스하며 한국모바일게임협회 초대 회장사를 역임하는 등 한국 모바일게임 시장의 역사와 그 맥을 함께 해왔다.

나아가 게임빌은 세계적인 글로벌 기업으로의 도약을 위해 미국 최대 이동통신사인 AT&T Wireless 및 Verizon Wireless사 등과 모바일 게임 공급 계약을 체결 한 것을 비롯 애플 앱스토어, 안드로이드 마켓 등 스마트폰과 함께 등장한 글로벌 오픈마켓에서 게임빌의 모바일 게임들을 적극 서비스하고 있다.

우수한 개발진과 뛰어난 창작 게임 개발 역량을 가지고 있는 게임빌은 국내 외에서 독창적이고 창의적인 모바일 게임 사업을 전개해 나가고 있다.

2) 채용공고 소개[3)]

가) 신규 MMORPG [제노니아: 크로노브레이크] 사업PM (경력)

모집부문	신입/경력	자격요건	근무지
사업PM	신입	**[담당업무]** · 데이터를 기반으로 한 게임개선 방향 정리, 제안 · MMO에 적합한 BM 수립과 세부 상품 기획 · 기획된 상품들의 판매 증대를 위한 세일즈 프로모션 기획 · 시장 동향과 경쟁작에 대한 조사, 분석 **[자격요건]** · 관련 업무 경력 3년 이상 · BM기획과 데이터 분석에 대한 높은 이해도를 가지고 계신 분 · 병역필 또는 면제자로 해외 출장에 결격 사유가 없으신 분 **[우대사항]** · MMO장르의 모바일 게임에 대한 이해도가 높으신 분	서울 (금천)

나) 모바일게임 UA 퍼포먼스 마케터 (경력) 채용

모집부문	신입/경력	자격요건	근무지
마케팅	경력	**[담당업무]** · 글로벌 UA 마케팅 전략 수립 및 셀프 서브 · 글로벌 UA 마케팅 미디어믹스 기획 및 실행 · 글로벌 UA 광고 크리에이티브 기획 **[자격요건]** · UA 마케팅 직무 경력 1년 이상 · Google Ads, Facebook 등 UA 매체 셀프 서브 경험 · MMP를 활용한 데이터 분ㄴ석 및 UA 전략 수립 경험자 **[우대사항]** · MMP를 활용한 데이터 분ㄴ석 및 UA 전략 수립 경험자 · 게임사 또는 대행사 경력 보유자 · 영어 커뮤니케이션 가능자	서울 (금천)

3) 인크루트

다) 캐쥬얼RPG 사업PM (4년 이상) 채용

모집부문	신입/경력	자격요건	근무지
사업PM	경력	**[담당업무]** · 캐쥬얼 RPG 사업PM 업무 · 모바일 게임 사업/운영 전략 수립 및 실행 · BM전략 수립 및 상품 기획 · 담당 게임, 경쟁 게임 테스트 및 분석 · 주요 지표 분석 및 게임 개선방안 도출 · 내/외부 유관 조직 업무 협업 **[자격요건]** · 사업PM 업무 경력 4년 이상 · 모바일 게임에 대한 이해와 플레이 경험 보유 · 논리적이고 원활한 커뮤니케이션 능력 보유 · MS Office 등, 업무 관련 프로그램 활용 능력 보유 · 병역필 또는 면제자로 해외 출장에 결격 사유가 없으신 분 **[우대사항]** · 외국어 활용 능력 보유 · 캐쥬얼RPG 모바일 게임 국내/해외 론칭 및 라이브 서비스 경험 보유 · 마케팅에 대한 지식 및 경험 보유 · 블록체인 게임 서비스 경험 보유	서울 (금천)

라) [컴투스 그룹] IT 시스템 운영 및 관리 담당자 (3년 이상) 채용

모집부문	신입/경력	자격요건	근무지
시스템 운영 및 관리	경력	**[담당업무]** · 사내 인프라 시스템 구축 및 서비스 어플리케이션 운영 및 유지관리 · 서버, 스토리지, SAN 스위치 등 인프라 운영 및 유지관리 · 망 분리 및 가상화 시스템 운영 및 관리 · OS 보안 설정 및 백업 관리 **[자격요건]** · 3년 이상의 서버 및 IT 인프라 운영 경험 · Linux/Windows OS 서버의 WEB/WAS 운영 관리 · 사내 서비스 업무에 대한 임직원 대상 기술지원 **[우대사항]** · 협업을 위한 원만한 성격 및 커뮤니케이션 역량 보유 · Python, Bash, PowerShell 1개 이상의 스크립트 작성 경험 보유 · 시스템 모니터링 및 백업 솔루션 운영 경험 보유 · 망 분리 및 가상화 솔루션에 대한 운영 경험 보유	서울 (금천)

3) 전형절차

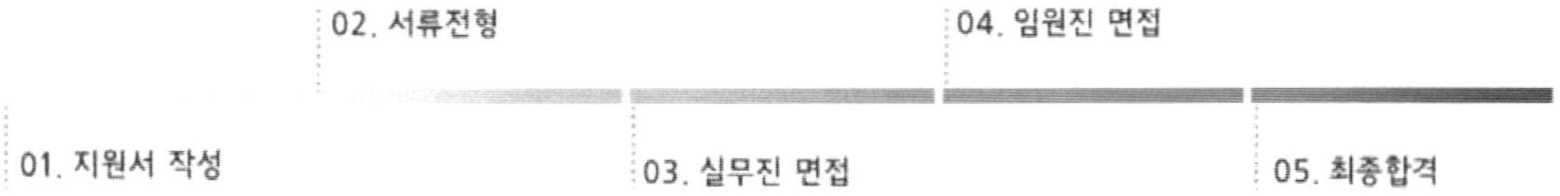

4) 취업 TIP[4)]

가) 채용 현황

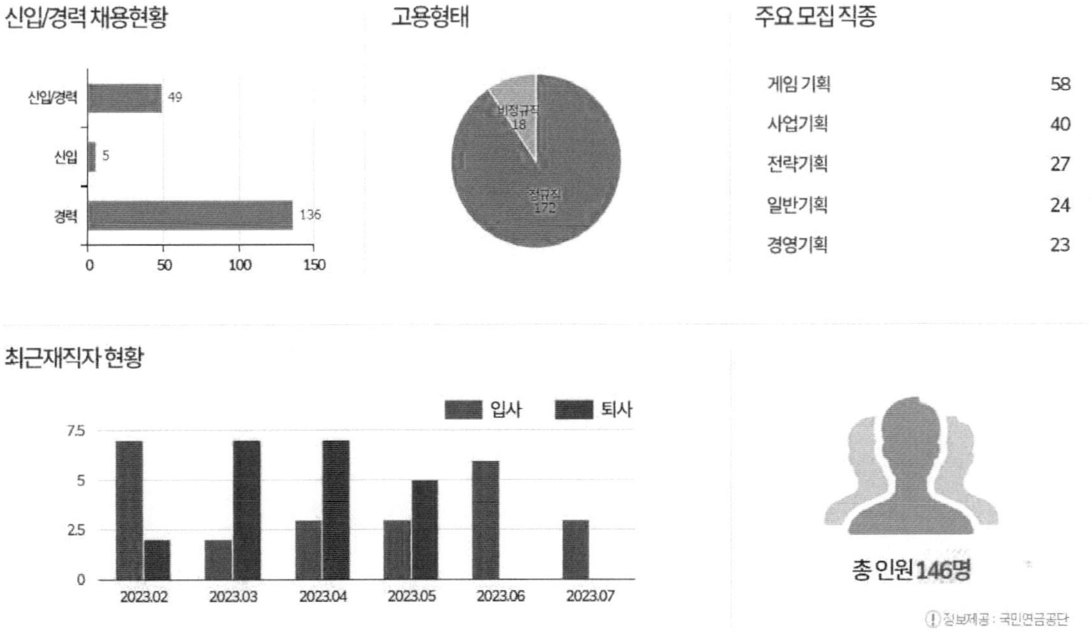

나) 참고 내용

주요 서비스	국내외 모바일 게임 서비스 / 게임 개발
인재상	Initiative / Creative / Cooperative
비전	모바일게임은 모바일게임다워야한다.
미션	엔터테인먼트 사업 다각화 / 진정한 게임 쉼터로 자리잡고자 하는 의지 / 이를 실현하고자 하는 도전정신

4) 사람인

다) 직무 소개

개발지원

- 프로그래밍
- 게임 디자인
- 게임 그래픽
- 게임 사운드
- 기술 지원
- 기초 운용
- 정보 보안

사업출시서비스

- 지역/해외 사업
- 대외 구매(Sourcing)
- 마케팅
- 품질 보증(QA)
- 고객 지원(CS)
- 서비스 관리

경영지원

- 인사
- 총무
- 재경
- Account
- 홍보
- 법무

라. 네오위즈

[그림 15] 네오위즈 로고

1) 기업 소개

2007년 설립된 네오위즈는 게임 소프트웨어 개발 및 공급업체이며 캐주얼 게임, 웹보드 개발을 영위하고 있다. 게임 포털 사이트 '피망' 운영으로 대중들에게 많이 알려져 있다. 당사는 게임포털 피망을 통해 FPS, Sprts, RPG 등 다양한 장르의 게임을 서비스하고 있다. 현재는 자체 개발을 통한 우수 IP 확보와 이를 활용한 해외시장 개척에 집중하고 있으며 잠재력 있는 개발사와의 협업을 통해 다양한 장르의 온라인 및 모바일 게임을 선보이고 있다. 2021년 11월에는 동남아 8개국 1위 모바일 게임 개발사 (주)하이디어를 인수하여 자회사로 편입하면서 모바일 게임 라인업과 IP를 확보하는 동시에 글로벌 경쟁력을 한층 강화시켰다.

당사는 PC와 더불어 모바일로도 안정적인 서비스를 이어나가고 있는 가운데, 2022년 4월에는 자사의 첫 블록체인 기반의 모바일 게임 '골프 임팩트' 애플리케이션을 출시했다. 게임은 블록체인 오픈 플랫폼 '네오핀'을 통해 글로벌 시장에서 서비스가 이루어질 예정이다. 네오위즈는 앞으로도 자체 지식재산권들의 가치 강화를 위해 해외 진출 확대를 적극 모색할 계획이다.

2) 채용공고 소개[5)]

가) P의 거짓 DLC 컨텐츠 기획자 (경력)

모집부문	신입/경력	자격요건	근무지
기획	경력	**[담당업무]** · 소울라이크 장르의 전반적인 컨텐츠 기획 · 각종 컨텐츠 시스템 기획 · 기존 시스템을 활용한 컨텐츠 데이터 관리 **[자격요건]** · 소울라이크 형식의 컨텐츠 순환 구조에 대한 이해가 있는 분 · RPG 장르 개발 관련 실무 경력이 3년 이상이신 분 · 다량의 데이터 제작 및 관리 경험을 갖춘 분 **[우대사항]** · 데이터 작성 및 유지 보수 경험이 있는 분 · 목표를 위해 다양한 파트의 역할을 분배하고 조율하는데 익숙하신 분 · 소울라이크 게임의 코어 플레이 경험이 많은 분 · 피드백과 폴리싱의 반복 과정에 대해 적극적 자세를 가진 분	경기 (성남)

나) 소셜 카지노 게임 슬롯머신 콘텐츠 기획자 (경력)

모집부문	신입/경력	자격요건	근무지
기획	경력	**[담당업무]** · 소셜 카지노 서비스의 슬롯 머신 콘텐츠 기획 · 소셜 카지노 관련 타사 제품 및 시장 리서치 **[자격요건]** · 3년 이상의 슬롯머신 게임 기획 또는 이에 준하는 실력이나 경험을 갖추신 분 · 밸런싱 및 기획에 필요한 수리 능력을 갖추신 분 · 논리적 사고를 바탕으로 원활한 소통과 협업 능력을 갖추신 분 **[우대사항]** · 분석적 사고와 종합적 판단 능력을 갖추신 분 · 새롭고 창의적인 도전을 즐기시는 분	경기 (성남)

5) 인크루트

다) 브라운더스트2 글로벌 운영 담당자 (무관)

모집부문	신입/경력	자격요건	근무지
게임운영	신입	**[담당업무]** · 브라운더스트2 글로벌 커뮤니티 관리 · 글로벌 공식 커뮤니티 운영 (게임 관련 공지 및 이벤트 등 진행) · 글로벌 공식 커뮤니티 동향 모니터링 및 리포팅 · 서브컬쳐 유저들의 취향에 맞춘 커뮤니티 컨텐츠, 이벤트 기획, 생산 및 배포 · 고객 문의 대응 **[자격요건]** · 서브컬쳐 게임을 매우 좋아하고 많이 플레이하며 해박한 지식을 보유하신 분 · 다양한 서브컬쳐 게임 행사에 참여하신 분 · 상대방을 배려하는 원활한 의사소통 능력을 보유하신 분 · 목적과 내용이 분명한 문서 작성 능력을 보유하신 분 **[우대사항]** · 서브컬쳐 모바일 게임 운영 경력이 있으신 분 · 비즈니스 수준의 외국어 활용 능력 (영어, 일어, 중국어 번체 우대)을 보유하신 분 · 다양한 서브컬쳐 게임, 컨텐츠, 행사 참여 경험이 있으신 분	경기 (성남)

라) A.V.A 프로젝트 이펙터 (신입)

모집부문	신입/경력	자격요건	근무지
게임그래픽	신입	**[담당업무]** · 아바(A.V.A) 프로젝트 캐릭터 및 총기, 배경, UI 이펙트 제작 및 연출 **[자격요건]** · Unreal Engine3 사용에 능숙하신 분 · 3D MAX 와 이펙트 제작관련 프로그램 능숙한 분 · 기존 소스 응용 및 자체 소스 제작에 능숙한 분 · 원화 및 기획컨셉 해석에 능숙한 분 · 이펙트 연출에 현실적인 표현을 잘 하시는 분 **[우대사항]** · 능동적이며, 긍정적인 대화 스킬이 있는 분 · 밀리터리 FPS 게임 이펙트 제작 경험이 있는 분 · Unreal Engine5 활용이 능숙하신 분 · 영상 제작이 가능하신 분	경기 (성남)

3) 전형절차

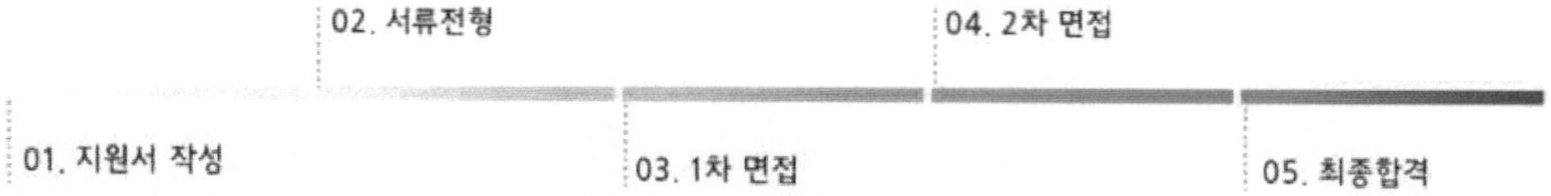

4) 취업 TIP[6]

가) 채용 현황

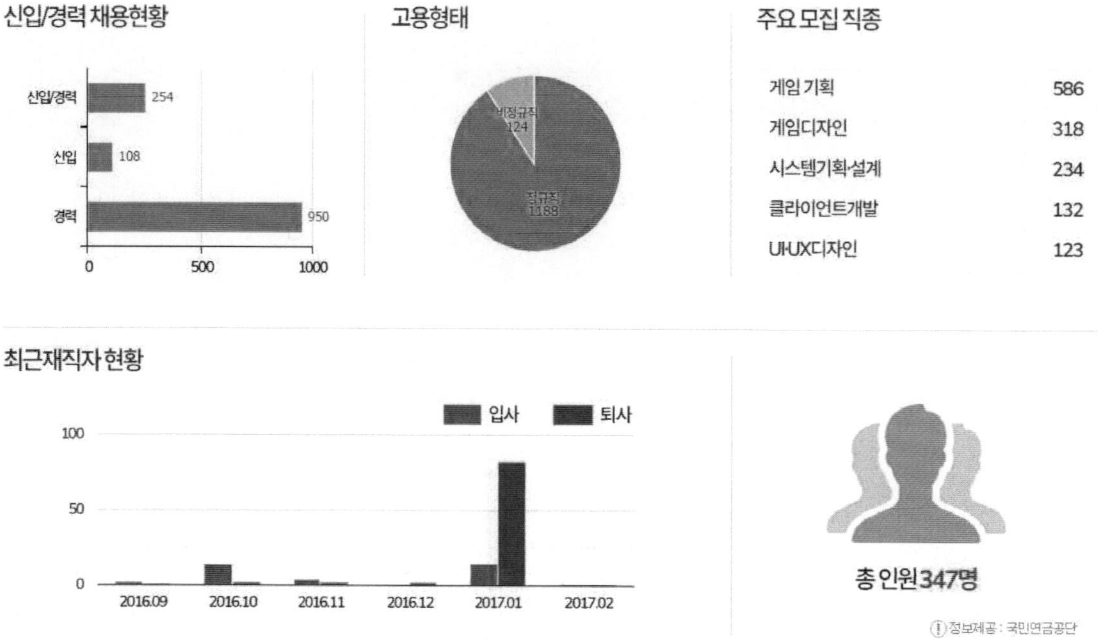

나) 참고 내용

주요 서비스	온라인 게임 / 웹보드 게임 / 스마트폰 게임/ 네오플라이
인재상	열정 / 겸손 / 성장
복지제도	배우자 출산 휴가 / 리프레시 휴가 / 야간 교통 지원 / 기념일 상품권

6) 인크루트

마. 컴투스

[그림 18] 컴투스 로고

1) 기업 소개

컴투스는 1998년에 설립되어 1999년에 대한민국 최초로 모바일 게임 서비스를 시작한 한국의 모바일 게임 기업이다. 주요사업은 모바일게임, 모바일 컨텐츠개발이며 대표적인 것으로는 '홈런배틀', '타이니팜', '말랑말랑목장', '컴투스프로야구' 시리즈 등이 있다. 또한 컴투스는 소셜 허브를 바탕으로 컴투스 게임을 즐기는 사용자들을 한데 묶어 세계 시장을 아우르는 모바일 게임 네트워크를 구현하며 기존 모바일 소셜 플랫폼과 달리 차별성을 지녔다.

여러 기업과 협약을 체결하고 있는 컴투스는 2021년 데브시스터브의 인기작 '쿠키런: 킹덤'의 유럽 내 시장 경쟁력 강화를 위해 서비스 지원 및 마케팅 업무를 총괄 수행하기로 했다. 이에 2022년 5월 유럽 시장 공략을 본격적으로 시작했으며, 독일, 프랑스 등 유럽 24개국을 대상으로 라이브 서비스와 언어 서비스를 지원한다. 나아가 공간 음향 분야 기업 '오디오퓨처스'에 투자하여 게임을 포함한 모든 디지털 콘텐츠의 필수 요소인 오디오 기술에 대한 연구를 확대할 계획이다. 특히, 메타버스 플랫폼과 기술 연계를 실현하여 현실감있는 가상 도시 구축을 목표로 하고 있다. 컴투스는 다양한 관련 기업들과 제휴하고 협력하여 자사 경쟁력도 같이 제고하며 업계를 선도하고 있다.

2) 채용공고 소개[7)]

가) 컴투스 홀딩스 신생 조직 사업실 / 어트랙트팀 담당자 (신입/경력)

모집부문	신입/경력	자격요건	근무지
어트랙트팀	신입/경력	**[담당업무]** · 전세계 고객에게 게임 정보를 제공하며, 유저 리서치를 통해 효과적인 전략 구사 · 글로벌 플랫폼 및 앱스토어에서 우리 프로젝트가 노출될 수 있도록 최적의 방법 연구 · 최근 가장 트렌드한 방식을 통해 현재 고객들과 협동하여 새로운 고객을 찾아내는 크리에이티브한 액션 기획 **[자격요건]** · 커뮤니케이션이 원활하신 분 · 열린 마음으로 상대를 대하고, 도전할 수 있는 긍정적인 분 · 실제 고객의 마음으로 동선을 점검하고, 액션들의 매력도를 끌어올릴 수 있는 고객 친화적인 마음가짐을 가지신 분 · 최근 트렌드에 이해도가 높고, 적극적인 자세와 열정을 가지신 분 **[우대사항]** · 영어에 능숙하신 분 · 평소 생각이 기발하고 참신한 아이디어를 낼 수 있는 분	서울(금천)

나) [서머너즈워:크로니클] 기획 데이터 버전 및 빌드 관리 (단기계약직)

모집부문	신입/경력	자격요건	근무지
기획	신입/경력	**[담당업무]** · 서머너즈워:크로니클의 기획 데이터 버전 검토 · 서머너즈워:크로니클의 기획 빌드 관리 **[자격요건]** · MS-OFFICE 활용 능력 · RPG요소가 들어간 게임들의 플레이 경험이 있으신 분(MMORPG, 수집형RPG 등) · 병역필 또는 면제자로 해외 출장에 결격 사유가 없으신 분 **[우대사항]** · 엑셀을 원활하게 사용하시는 분 · 데이터 검토에 능숙하신 분	서울(금천)

7) 사람인 채용공고

다) 사업 제휴 및 플랫폼 파트너쉽 담당자 (신입/경력)

모집부문	신입/경력	자격요건	근무지
플랫폼 파트너쉽	신입/경력	**[담당업무]** · 자사 게임 서비스를 부스팅 하기 위한 각종 신규 사업 발굴 업무 - 제휴 사례 조사, 제휴 모델 기획, 제안서 작성, 컨택, 대면 미팅, 계약, 사업 추진 등 · 구글플레이, 앱스토어 등 자사 게임을 서비스하는 스토어들과의 협업 담당 - 일정 관리, 제안서 작성, 대면 미팅, 사례 조사 및 결과 분석 **[자격요건]** · 게임 소개서, 제휴 제안서 등의 비즈니스 문서 작성이 가능한 분 · 최신 트렌드에 민감하고, 해당 트렌드를 사업화할 수 있는 분 · 친화적인 사고 방식과 태도를 갖추신 분 · 수립환 전략과 액션 아이템을 정확하고 매력적으로 전달할 수 있는 문서 정리 능력이 있으신 분 · 스스로 업무를 발굴하고 추진하는 적극적인 분 · 게임 산업 및 게임에 대한 이해도와 열정 · 병역필 또는 면제자로 해외 출장에 결격 사유가 없으신 분 **[우대사항]** · 비즈니스 영작/회화 능력 · 유사한 업무 경험이 있으신 분	서울 (금천)

3) 전형절차

01. 지원서 작성

02. 서류전형

03. 실무진 면접

04. 임원진 면접

05. 최종합격

4) 취업 TIP[8]

가) 채용 현황

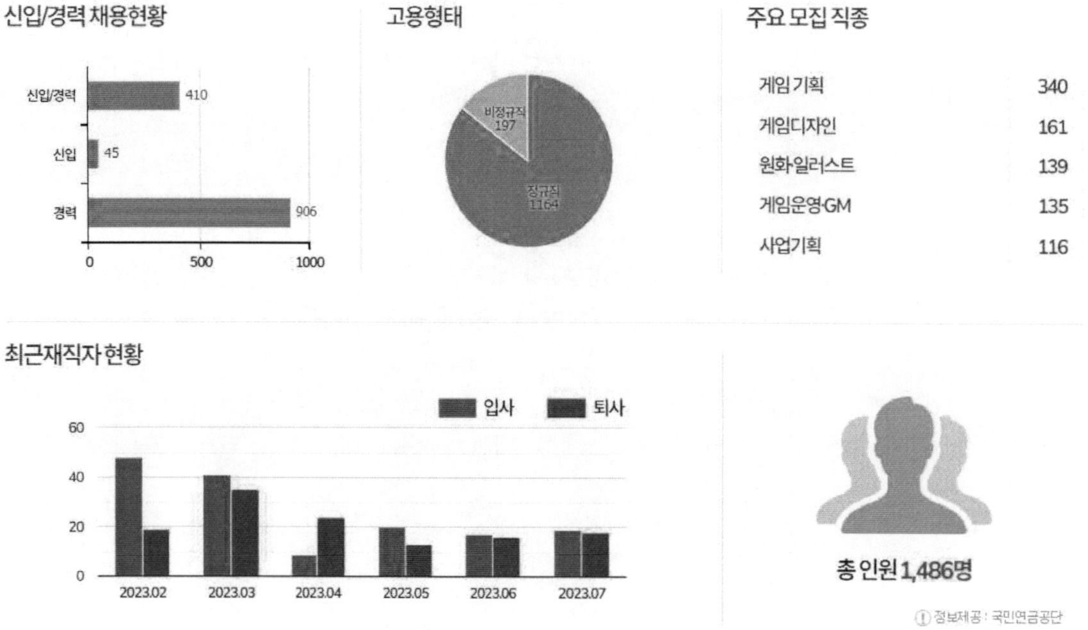

나) 참고 내용

주요서비스	모바일 게임
인재상	즐거움과 창의성 / 학습과 도전 / 팀워크 중시와 긍정적인 사고
비전	Come To Us, 고객이 필요로 할 때면 언제 어디서나 최상의 서비스를 제공하겠습니다.
핵심가치	우수한 개발력 / 풍부한 서비스 경험 / 글로벌 진출 노하우

8) 인크루트

다) 직무 소개

게임제작

- 게임PD
- 게임기획
- 클라이언트 프로그래머
- 서버 프로그래머
- 디자인 (원화)
- 디자인 (배경 모델러)
- 디자인 (UI)
- QA

게임사업

- 현지화매니저
- 게임사업PM
- 게임사업운영
- 마케팅
- 데이터분석

바. 골프존

[그림 22] 골프존 로고

1) 기업 소개

2000년에 설립된 골프존은 스크린골프 시스템과 플랫폼을 개발하여 골프 대중화를 주도한 기업이다. 주요사업으로 스크린골프 시스템 판매와 가맹사업을 영위하고 있으며 주요사업을 중심으로 골프아카데미, 골프방송/광고사업, 골프대회운영, 골프존 멤버십 등을 전개하고 있다.

골프존은 2009년 일본 현지법인 설립을 시작으로 중국, 미국, 홍콩 등에 법인을 설립하며 글로벌 시장으로의 진출을 도모했다. 특히 최근 골프존의 미국 법인인 '골프존 아메리카'가 글로벌 골프 매니지먼트 기업인 '트룬'과 함께 미국 실내 골프 엔터테인먼트 산업 확대에 나서며 복합 골프 문화공간인 '지스트릭트'(ZSTRICT)' 사업을 본격적으로 전개할 방침이다. 현재 해외사업은 스크린골프장 운영보다는 하드웨어 판매가 주를 이루고 있으며, 당사는 파트너와의 제휴, 사업다각화 등 현지 맞춤 사업전개를 이어나갈 예정이라고 밝혔다.

2) 채용공고 소개[9]

가) 클라이언트 개발 (엔진-물리)

모집부문	신입/경력	자격요건	근무지
R&D	경력	**[담당업무]** · 물리 관련 요소 개발 · 엔진 성능향상 및 업데이트 · 엔진 수정 및 유지보수 · 클라이언트에 기술 지원 **[자격요건]** · 경력 3년 · 게임 엔진 개발 경험 · PhysX에 대한 이해 · 원활한 커뮤니케이션 · 병역면제 혹은 병역을 마친 분, 해외 출장에 결격 사유가 없는 분 · 국가등록장애인/보훈대상자는 관계법령에 따라 우대 **[우대사항]** · Unreal Engine 4 엔진에 대한 이해 및 개발경험	서울 (강남)

나) Unreal Engine 개발 (NX)

모집부문	신입/경력	자격요건	근무지
R&D	경력	**[담당업무]** · NX 소프트웨어 컨텐츠 개발 · NX Unreal Engine 5 시스템 개발 · NX Unreal Engine 5 UI 개발 **[자격요건]** · 경력 1년 이상 · C++ , OOP, STL, GraphicAPI 경력 · 3D 게임 시스템 설계 경험 · 프로젝트 상용 서비스 경험이 있는 분 · 원활한 커뮤니케이션 능력이 있는 분 · Unreal Engine 경험 · 병역면제 혹은 병역을 마친 분, 해외 출장에 결격 사유가 없는 분 · 국가등록장애인/보훈대상자는 관계법령에 따라 우대 **[우대사항]** · 자체 게임 엔진 개발 경험 · Unreal 프로젝트 완료 경험 · 상용 라이브 서비스 경험	서울 (강남)

9) 사람인 채용공고

다) 엔진 프로그래머 (Golf Simulator)

모집부문	신입/경력	자격요건	근무지
R&D	경력	**[담당업무]** · Unreal Engine으로 코스 제작 시 필요한 플러그인 (C++) 개발 · 코스 최적화를 위한 Unreal Engine 수정 및 개발 (Lighting, Shader, Material 등) · 투비전(TWOVISION) 코스를 Unreal Engine으로 변환하기 위한 기술 개발 (CryEngine 연동) · 코스와 관련한 기획, 클라이언트, 디자인, 품질, 사업부서와의 커뮤니케이션 · 코스 관련 VOC 처리 **[자격요건]** · 경력 3년 ~ 10년 · Unreal Engine 프로그래밍 가능 (C++) · 3D 게임 엔진에 대한 이해 · 커뮤니케이션 원할하신 분 · 맡은 바 업무에 충실하신 분 **[우대사항]** · Unreal Engine 프로젝트 경험 우대 · Unreal Shader 및 Material 숙련자 우대 · 3D 게임 엔진 배경 부문 개발(Lighting, Landscape, Foliage 등) 경험 우대 · CryEngine 개발 경험 우대	서울 강남구

라) MSL(Medical Science Liaison) 모집 (신입/경력)

모집부문	신입/경력	자격요건	근무지
R&D	경력	**[담당업무]** · 언리얼 엔진 기반 실사 골프장 코스 제작· · 3D 퀄리티 향상을 위한 제반 업무 **[자격요건]** · 경력 3년 이상 · 3DMAX, Maya, photoshop, 3D animation, Effects 활용 능력 ·언리얼엔진5 활용 경험 (언리얼엔진4 가능) · 언리얼 엔진 기반 프로젝트 상용화 경험 필수 **[우대사항]** · 아트 디렉터 직무 경험 우대 · Niagara, Substance painter, After effects, Houdini, Megascan mixer 활용 경험	서울 강남구

마) 3D 아티스트 (Golf Simulator)

모집부문	신입/경력	자격요건	근무지
R&D	경력	**[담당업무]** · 모바일게임 서버 개발 **[자격요건]** · 경력 3년 이상 · C# / 자료구조 / 알고리즘 / Network / Multithread에 대한 이해 · Windows 개발 환경 능숙 (Visual studio, MS-SQL) · Redis 프로젝트 진행 경험 · 병역면제 혹은 병역을 마친 분, 해외 출장에 결격 사유가 없는 분 · 국가등록장애인/보훈대상자는 관계법령에 따라 우대 **[우대사항]** · 게임 서버 개발, 출시, 라이브 경험 · 게임 서비스 관리 경험 · AWS 사용 경험 · 인프라 자동화와 배포, 모니터링 환경 구축 경험 · 안정적인 서비스 개발에 필요한 새로운 기술 검토 및 분석, 활용 능력 보유	서울 강남구

3) 전형절차

서류전형 → 1차 인터뷰 → 2차 인터뷰 → HR인터뷰 → 처우 협의 → 입사 확정

4) 취업 TIP[10)]

가) 채용 현황

신입/경력 채용현황

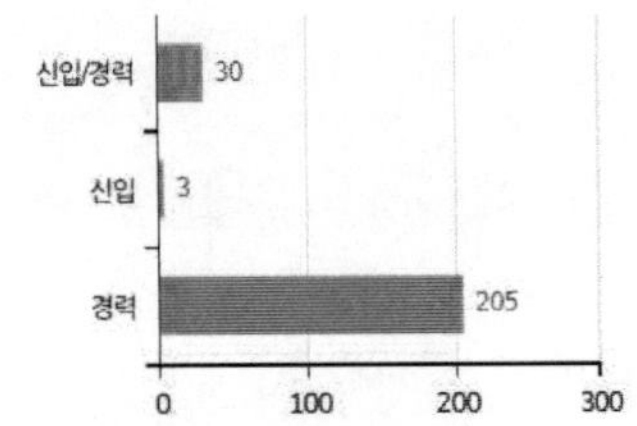

고용형태

주요 모집 직종

게임기획	25
JAVA	24
C.C++	22
사업기획	18
클라이언트개발	17

최근재직자 현황

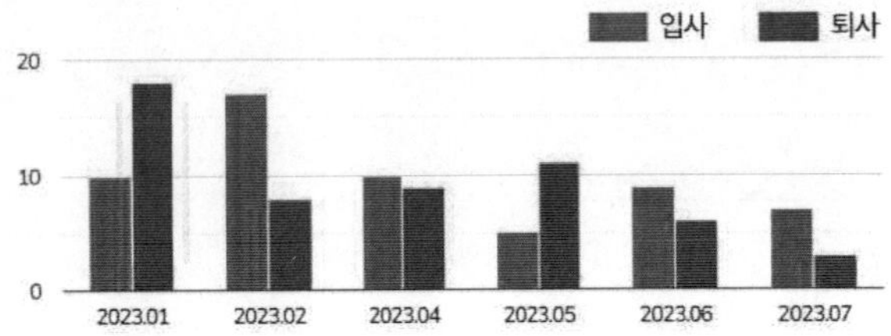

총 인원478명

정보제공 : 국민연금공단

나) 참고 내용

인재상	· **진솔** - 빼고 더함이 없는, 있는 그대로의 솔직한 마음 - 타인을 배려하고 존중하ㅕㄴ서 열린 소통을 하는 유연함 · **진지** - 신중한 결정, 책임감 있는 행동으로 타인에게 믿음을 주는 태도 · **진정** - 선한 의도와 순수한 열정으로 동료들에게 감화를 불러일으키는 따뜻한 마음
비전	· **플랫폼 서비스** - 골프플랫폼 비즈니스 모델구축 스마트골프사업 진출 · **콘텐츠 강화** - 혁신적 제품 출시를 통한 경쟁력 강화 - Big Data를 활용한 맞춤형 콘텐츠 · **커버리지 확대** - 국내외 제품 라인업 확대 - 글로벌 사업 인프라 강화
미션	골프존은 새로움과 즐거움, 유익함을 바탕으로 누구나 언제, 어디서나 골프를 즐길 수 있다

10) 인크루트

사. 웹젠

[그림 25] 웹젠 로고

1) 기업 소개

2000년 설립된 웹젠은 국내 최초 Full 3D 온라인 게임 '뮤 온라인'을 시작으로, 'R2(Reign of Revolution)' 등 다수의 PC 온라인 RPG (Role Playing Game)와 모바일게임 등 다양한 게임을 개발, 퍼블리싱하고 있는 게임 전문 개발 및 서비스 업체이다. 이후에도 Metin2, 샷온라인 등의 자체 개발 온라인게임과 '뮤 온라인'에 기반한 뮤오리진1(MU IP), 뮤오리진2(MU IP), 마스터탱커와 같은 모바일게임, 웹게임인 뮤이그니션(MU IP), 뮤템페스트(MU IP)를 주요 서비스로 제공하고 있다.

국내뿐만 아니라 북미/유럽을 중심으로 전 세계 5,000만명의 회원을 보유한 글로벌 게임포털 '지포테이토(gPotato)'와 자체 운영중이던 'WEBZEN.com'을 통합해 WEBZEN.com'의 단일 브랜드로 글로벌 게이머들에게 자사의 게임들을 서비스하고 있다. 특히, 북미, 유럽, 남미를 전체적으로 아울러 쌓아온 게임 서비스 경험을 바탕으로 지역별 성공 노하우 등을 개발사에 공유하면서, 파트너사와 함께 성장하는 퍼블리싱 모델을 지향하고 있다. 또한, 게임 운영에 최적화된 전용 백오피스(웹젠 통합플랫폼, 안정적인 시스템과 보안, 글로벌 빌링 시스템)를 제공하고 있으며, 제한없는 다양한 협업모델(퍼블리싱/공동개발/투자/IP제휴 등)로 파트너사들의 성공을 견인하고 있다.

최근 웹젠은 임직원을 대상으로 신작 '뮤오리진3(MU Origin 3)'의 사내 테스트(IBT, Internal Beta Test)를 진행했으며 다음 해인 2022년 1월 중에는 정식서비스를 목표로 사전예약도 시작할 계획이다. 스테디셀러인 전작들의 뒤를 잇는 '뮤오리진3'는 '언리얼 엔진4'를 기반으로 제작됐다. 모바일 환경에 맞게 콘텐츠와 게임성을 최적화하는 한편, 언리얼 엔진을 사용한 그래픽 품질도 크게 향상됐다.

2) 채용공고 소개[11)]

가) [웹젠레드코어/R2M] UI디자이너(신입/경력)

모집부문	신입/경력	자격요건	근무지
디자인	신입/경력	**[담당업무]** · 신규 프로젝트 UI 디자인 **[자격요건]** · 리소스 제작에 적합한 드로잉 능력을 보유한 분 · 그래픽 툴 사용이 능숙한 분 · 모바일 환경의 UI/UX에 대한 이해도 및 설계력을 보유한 분 **[우대사항]** · Unreal 프로젝트 경험이 있는 분 · UX 디자인 경험이 있는 분 · 원만한 대인관계와 배려심을 가진 분	경기 (성남)

나) [웹젠넥스트/신규 Project N] 3D 캐릭터모델링(신입/경력)

모집부문	신입/경력	자격요건	근무지
모델링	신입/경력	**[담당업무]** · 신규 수집형 RPG 캐릭터 3D 모델 제작 · 게임 환경에 최적화된 데이터 제작 · 3D 캐릭터 제작에 관련된 전반적인 업무 **[자격요건]** · 경력 무관 · 3ds Max, Zbrush, Substance Painter, Marvelous Designer 사용 가능한 분 · 인체 조형 감각이 좋은 분 **[우대사항]** · 수집형 RPG 장르의 게임 개발 경험이 있는 분 · Unreal Engine 4 사용 경험이 있는 분 · 외주 관리 경험이 있는 분	경기 (성남)

11) 사람인 채용공고

다) [웹젠넥스트/신규 Project N] 설정&시나리오기획(신입/경력)

모집부문	신입/경력	자격요건	근무지
기획	신입/경력	**[담당업무]** · 세계관 및 캐릭터 설정 · 게임 내 대본 및 이벤트 연출안 작성 · 컨텐츠 컨셉 설정 및 기획 **[자격요건]** · 경력 무관 · 판타지 장르에 대한 기본적인 이해도가 있는 분 · 정해진 설정 안에서 게임 시나리오 작업이 가능한 분 **[우대사항]** · 수집형 RPG 장르의 게임 개발 경험이 있는 분	경기 (성남)

라) [웹젠큐브/ToyTopia : Match3] 클라이언트(경력)

모집부문	신입/경력	자격요건	근무지
기획	신입/경력	**[담당업무]** · 라이브 서비스 유지 보수 · 신규 컨텐츠 개발 **[자격요건]** · 관련경력 3년 이상 · 유니티를 사용한 프로젝트 개발 경험이 있는 분 · 원활한 의사소통 능력과 성실성 및 책임감이 있는 분 · 프로그램 개선을 끈기있게 진행할 수 있는 분 **[우대사항]** · 퍼즐 또는 SNG 등의 캐주얼 게임 런칭 또는 라이브 서비스 경험이 있는 분 · 연출 관련 개발 실무 경험을 보유한 분	경기 (성남)

3) 전형절차

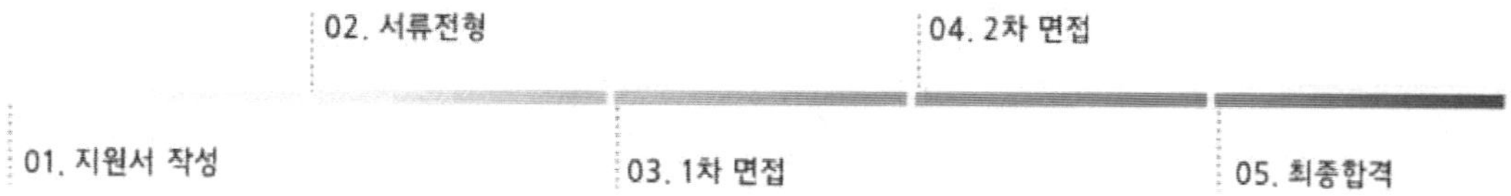

4) 취업 TIP[12]

가) 채용 현황

신입/경력 채용현황

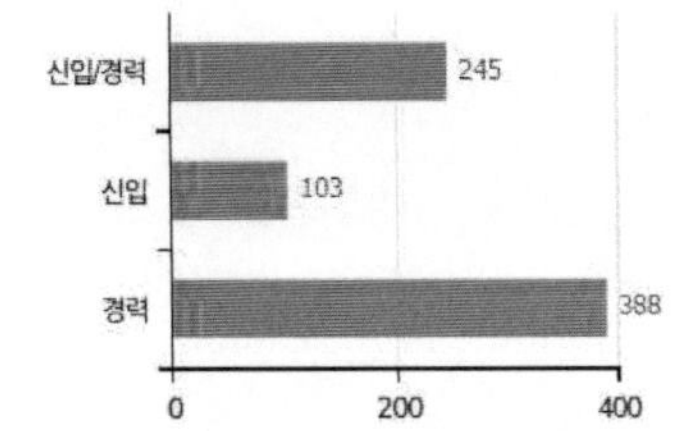

고용형태

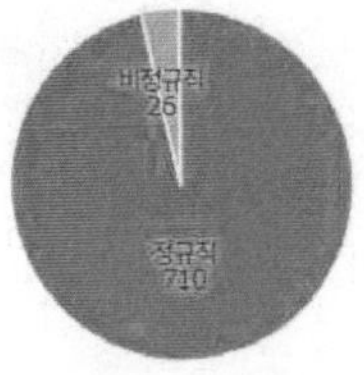

주요 모집 직종

게임기획	199
게임운영·GM	117
사업기획	109
사업조사분석	50
경영기획	43

최근재직자 현황

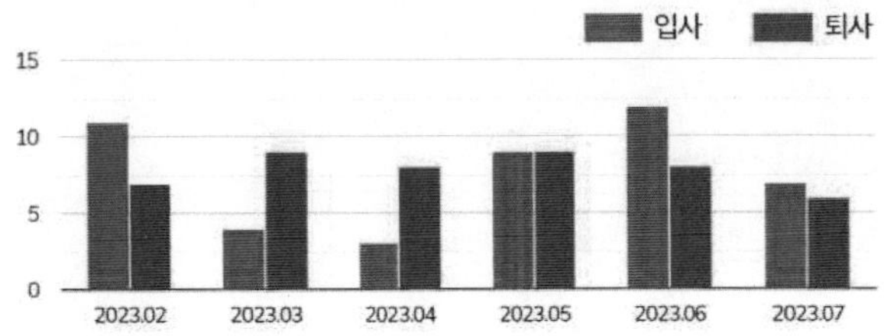

총 인원476명

정보제공 : 국민연금공단

나) 참고 내용

주요서비스	온라인·모바일 게임개발 / 게임 퍼블리싱 / IP제휴 사업
인재상	창의적이고, 도전적인 인재 / 글로벌 인재 / 성과를 만들어 가는 인재 / 함께 할 줄 아는 인재
비전	· 국가와 지역을 넘어서서 하나의 문화가 융합하는 문화적 동시화 현상이 가속화 되고 있습니다. · WEBZEN은 최고의 기술력과 상상력, 창조력을 바탕으로 개발되는 게임들을 토대로 전세계 누구나 함께 즐길수 있는 창조자로 성장해 갈 것입니다.
미션	· WEBZEN은 네트워크화된 엔터테인먼트 컨텐츠를 통해 전세계 모든 게이머에게 기존의 개념을 뛰어넘은 새로운 재미와 가치를 제공하겠습니다. 문화, 지역, 세대의 차이를 넘어서는 새로운 경험을 제공하기 위한 혁신을 계속하고 있습니다. · 누구나 꿈꾸는 가상의 콘텐츠 엔터테인먼트 세계를 현실로 구현하는 선구자로의 도약이 WEBZEN의 미션입니다.

12) 인크루트

아. 넥슨게임즈

[그림 28] 넥슨게임즈 로고

1) 기업 소개

2015년에 설립된 넷게임즈는 넥슨의 자회사이며 유선 온라인 게임 소프트웨어 개발 및 공급업을 영위하는 기업이다. 주력 사업분야는 모바일게임의 제작이다. 게임 장르면에 있어서는 RPG에 속한다. 2015년 11월에 출시된 히트를 시작으로, 2017년에 오버히트, 2019년에 V4, 2021년에 블루 아카이브를 연이어 시장에 내놨다. 기존작을 토대로 봤을 때 2년마다 하나씩 게임을 출시해왔다.

이외에도 넥슨 IP 중 하나인 야생의 땅: 듀랑고를 기반으로 한 모바일 MMORPG '프로젝트 DX', 넷게임즈 대표작 히트를 기반으로 한 모바일·PC MMORPG 'XH 프로젝트', 실시간 대규모 영토전을 소재로 한 모바일 RTS '제우스 프로젝트'까지 신작 4종을 개발 중이다.

특히 동사의 'V4'는 첫 제품부터 대한민국 게임대상(대통령상)을 수상했던 넷게임즈의 기술력을 집대성한 타이틀을 보유했고 넷게임즈의 4번째 자체 개발작 모바일 게임 '블루 아카이브'가 일본구글플레이와 애플 앱스토어 상위권을 점하며 게임한류의 대표주자로 자리매김했다.

넷게임즈는 현재 넥슨지티와 인수합병을 통해 넥슨게임즈로 새로 출범했고 넥슨 대표 IP인 히트의 후속작 히트2를 선보일 예정이다.

2) 채용공고 소개[13)]

가) [SEOUL][퍼스트 디센던트(구 MAGNUM)] 사운드 디자이너 모집

모집부문	신입/경력	자격요건	근무지
사운드 디자이너	경력	**[담당업무]** · 게임 전반의 사운드 디자인 · 게임 사운드 적용 및 리소스 관리 · 영상물 사운드 제작 · 성우 녹음 및 보이스 디자인 **[자격요건]** · 동종 업계 경력 2년 이상의 사운드 제작 실무를 경험하신 분 · 오디오 프로세싱에 관한 기본 지식 및 이해, 관련 전공자 · 사운드 제작 DAW 사용이 능숙하신 분 · Mix, Mastering, Recording의 음향 관련 지식 보유하신 분, **[우대사항]** · Nuendo 사용 능력 · Unreal 5 관련 경험 · WWise 사용 능력 · 성우 더빙 경험 · 슈터 장르에 대한 이해 및 경험	서울 강남구

나) [SEOUL][RXTF] 리드 기획자 모집

모집부문	신입/경력	자격요건	근무지
기획	경력	**[담당업무]** · 신규 컨텐츠, 시스템 기획 리딩 **[자격요건]** · 경력 10년 이상 · 남성향 서브컬쳐 컨텐츠에 대한 높은 이해도 · 수집형 게임에 대한 높은 이해도 · 원활한 커뮤니케이션 능력과 유연한 협업 태도 · MS오피스 사용 능력 **[우대사항]** · 책임감 있고 부지런하신 분 · 언리얼 엔진 경험자 · 미소녀 컨텐츠에 대한 덕심 충만하신 분 · 조직 관리 경험	서울 강남구

13) 사람인 채용공고

다) [SEOUL][퍼스트 디센던트(구 MAGNUM)] 레벨 디자이너 모집

모집부문	신입/경력	자격요건	근무지
디자인	경력	**[담당업무]** · PvE 루트 슈터 장르 레벨 디자인 · 필드 컨텐츠 디자인 · 레벨 컨텐츠 관리 · 전투 시스템을 기반으로 플레이 동선 설계 및 컨텐츠 배치 **[자격요건]** · 관련 실무 경력 5년 이상 · 언리얼4, 5 엔진 경험 · 아이디어를 문서, 프로토타이핑으로 구체화할 수 있는 능력 · 테스트 기반의 레벨디자인 프로세스의 이해 **[우대사항]** · 미적 감각을 갖고, 공간을 설계할 수 있는 능력 · 다양한 PvE 루트 슈터 플레이 경험 · PvE 루트 슈터 장르의 깊은 이해도 · 이전 프로젝트 CBT/OBT/라이브 경험	서울 강남구

라) [SEOUL][블루아카이브] 글로벌 개발실 클라이언트 프로그래머 모집

모집부문	신입/경력	자격요건	근무지
개발	신입	**[담당업무]** · 블루 아카이브 글로벌 서비스 클라이언트 개발 **[자격요건]** · 경력 8년 ~12년 · Unity 엔진에 대한 이해도가 높으신 분 · 객체 지향 프로그래밍(OOP)에 대한 이해도가 높으신 분 · 안드로이드/IOS 환경에 대한 Trouble shooting 경험이 있으신 분 · 긍정적 마인드와 명확한 의사소통 능력을 가지고 계신 분 **[우대사항]** · 모바일 게임 런칭 및 라이브 서비스 경험이 있으신 분 · 다국가 게임 서비스 경험이 있으신 분 · 서브컬쳐 문화에 대한 관심이 높으신 분 · 제약회사 또는 관련 회사에서 MSL 경력 우대	서울 강남구

3) 전형절차

서류전형 → 과제심사 → 면접 → 처우 협의 → 최종 합격

4) 취업 TIP[14)]

가) 채용 현황

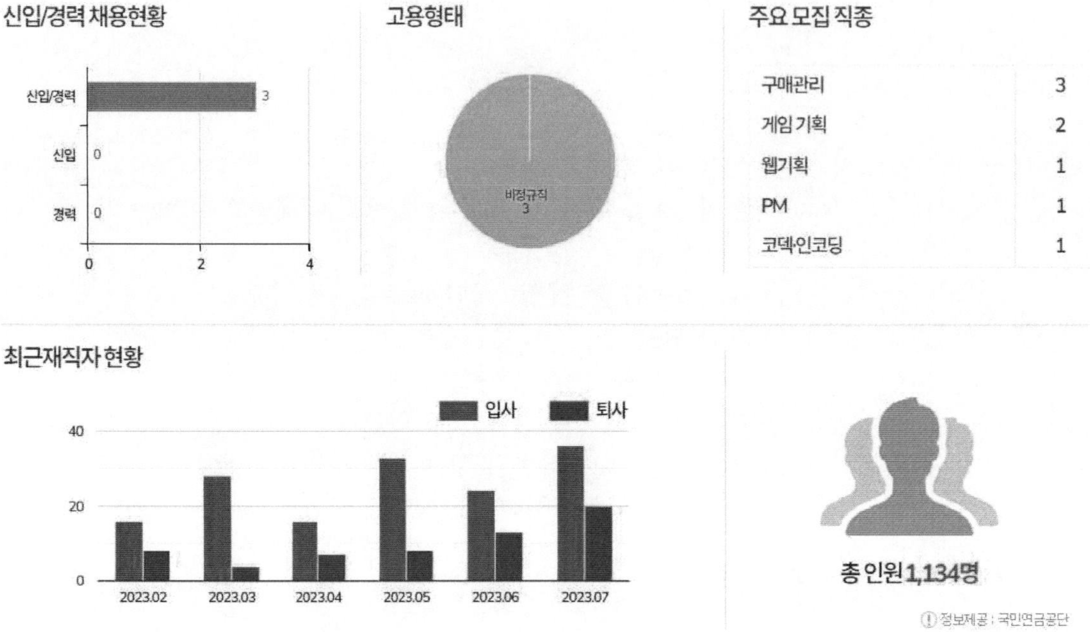

나) 참고 내용

주요서비스	게임 프로그래밍 / 게임 기획 / 게임 아트
인재상	유저 중심 / 용기 / 효율성 / 권한과 책임 / 주인의식·오너십 / 솔직함 / 커뮤니케이션·명확성
비전	· 우리는 더 좋은 게임(Better Game)을 만들고 세상에 보여주기 위해 모였습니다. · 유저가 더 즐겁게 게임을 즐길 수 있도록, 세상보다 먼저 한 발자국 더 나아갑니다. · 넥슨 게임즈의 방식으로 더 좋은 게임을 만듭니다.
미션	우수한 제품과 서비스로 인류의 건강과 삶의 질을 향상시킨다

14) 인크루트

3. 게임산업 개요

3. 게임산업 개요

가. 산업의 분류

게임산업은 컴퓨터의 연산, 제어 및 기억능력을 이용하여 게임을 개발·제작하고 이용자에게 공급하는 산업을 지칭한다. 게임은 넓게는 놀이, 장난, 경기, 시합 등으로 정의될 수 있고, 좁게는 컴퓨터를 통해 이용자에게 유희적 반응을 일으키는 놀이문화에 국한된다. 게임은 하드웨어인 플랫폼의 종류별로 구분하거나 게임내용에 따라 장르별로 구분하는 방법이 있다. 플랫폼에 따라 아케이드 게임, PC게임, 비디오게임, 온라인 게임, 모바일 게임으로 분류할 수 있다. 장르별로는 보드게임, 시뮬레이션, RPG, 슈팅, 스포츠 게임 등이 있다.15)

표 1. 플랫폼별 게임의 분류

구분	주요서비스
아케이드게임	• 기존의 오락실과 같은 게임장에서 이용할 수 있는 게임 • 동전을 넣고 조이스틱을 사용하거나 체감 형으로 진행되는 게임
PC게임	• 개인용 컴퓨터에서 실행할 수 있는 게임 • CD나 DVD등 저장매체에 수록되어 유통됨
비디오게임 (콘솔게임)	• 가정 내 TV나 모니터에 게임 전용기기를 연결하여 이용하는 게임 • 게임조작을 위해 조이스틱이나 조이패드 등을 게임전용기기에 연결
온라인게임	• 네트워크를 통해 서버에 접속하여 진행되는 게임 • 통신망을 통해 접속하여 서버에 함께 접속된 타인과 게임을 진행
모바일게임	• 휴대폰, PDA 등의 모바일 기기를 이용하여 즐기는 게임 • 모바일인터넷에 접속하여 다운받아 이용하는 게임을 지칭

표 2. 장르별 게임의 분류

15) 온라인게임은 인터넷 접속 상태에서 서버를 통하여 여러 명이 접속하여 즐기는 게임으로 데이터를 ,주고받는 대상이 서버와 클라이언트 사용자 임 반면 네트워크 게임은 PC게임의 네트워크 기능을 활용한 게임으로 서버가 네트워크 안의 이용자들끼리 연결만 해 줌. 대표적인 네트워크 게임으로는 스타크래프트를 들 수 있고 온라인게임은 리니지 카트라이더 등이 있음.

장르	주요 서비스
보드게임	• 바둑, 체스, 퍼즐 등 한정된 공간에서 즐기는 말판놀이형 게임
시뮬레이션	• 이용자가 가상공간과 현실 속에서 게임을 즐기는 형태로 게임하는 자신이 보이지 않는 방식의 게임
RPG (Role Playing Game)	• 다양한 특징의 캐릭터를 선택하여 레벨을 상승시키면서 역할을 수행하는 게임
슈팅	• 플레이어가 총알 공격을 피하여 적을 제거해 가는 유형의 게임
스포츠	• 스포츠를 즐기는 형태의 게임(FIFA 축구게임)
어드벤처	• 주인공 캐릭터가 사건을 해결해가는 형태의 게임
노벨	• 소설게임, 그림과 글 위주로 구성된 게임

나. 기존 플랫폼별 산업 구조

1) 아케이드게임

아케이드 게임은 개발사, 유통사, 게임사업자로 구성된 비교적 단순한 시장구조를 가지고 있다. 하드웨어 및 소프트웨어 개발업체는 게임을 개발사에 공급하고 개발사는 게임기를 제작하며, 유통사는 공급받은 게임기를 게임장, 놀이공원 등에 공급하는 형태를 띠고 있다.

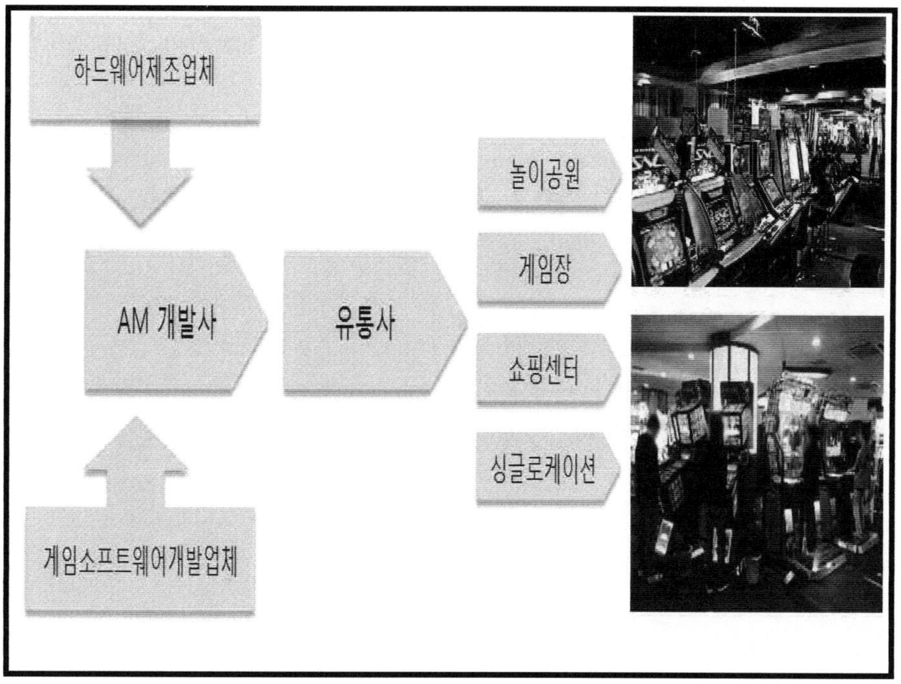

그림 1. 아케이드 게임 시장의 구조[16)]

16) 해외디지털콘텐츠 시장조사, 한국소프트웨어진흥원, 2006

2) PC게임

PC게임은 개발사에서 개발한 게임을 유통사가 패키지 제품으로 제작하고, 유통채널별로 총판사를 선정하여 거래한다. 비디오게임 시장의 주요 퍼블리셔들이 PC게임의 유통을 담당하고 있으며, 주요 업체로는 EA, Take Two, THQ 등이 있다.

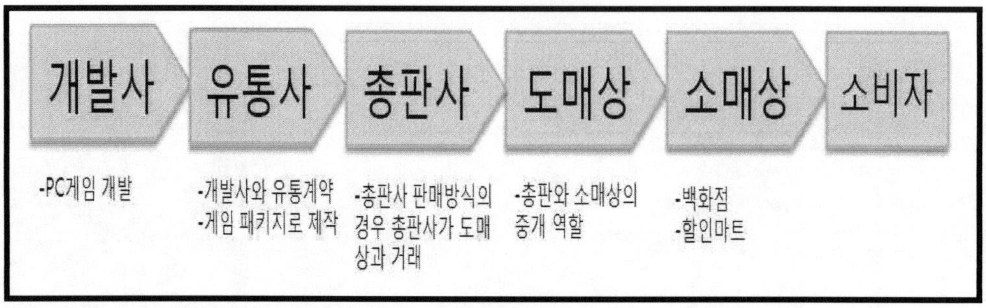

그림 2. PC게임 시장의 구조[17)]

17) 스트라베이스, 2005

3) 비디오게임

비디오게임 시장은 하드웨어 및 주변장치를 판매하는 플랫폼 홀더[18], 게임에 필요한 라이센스 확보 및 배송 등을 담당하는 퍼블리셔[19], 개발업체[20]로 구성되어있다. 퍼블리셔는 개발업체와 플랫폼 홀더 사이에 매개자 역할만 담당하는 반면, 플랫폼 홀더는 실질적인 게임 개발과정을 직접 통제하여 절대적인 영향력을 지니고 있다.

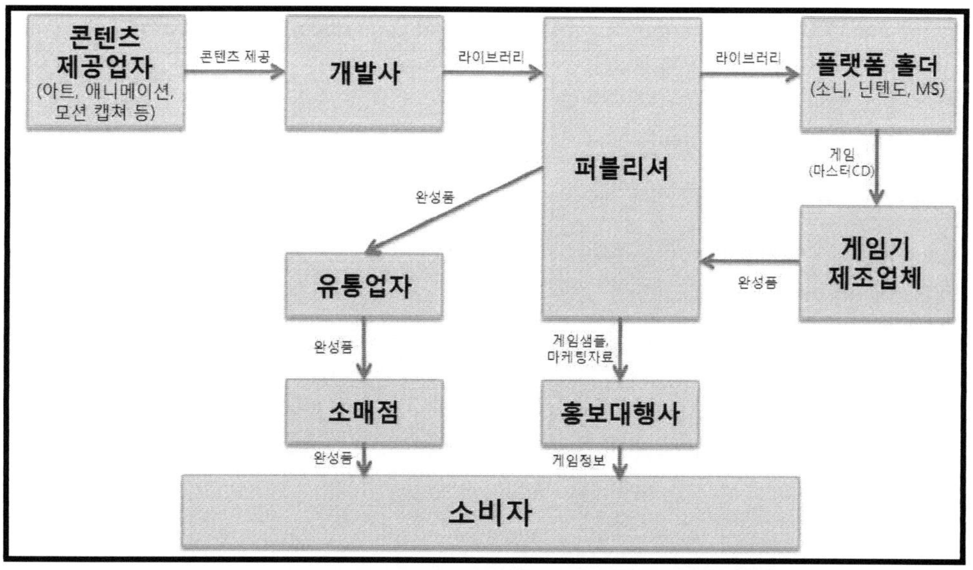

그림 3. 비디오게임 시장의 구조

18) 플랫폼 홀더는 비디오 게임 시장 구조에 있어 절대적이라고 할 수 있는데 이는 플랫폼 홀더의 호의적인 평가가 있어야 게임 개발이 가능하기 때문임 세계적인 플랫폼 홀더로는 소니, 닌텐도 .MS 등이 있음

19) 퍼블리셔는 필요한 라이센스 확보 완성된 게임의 배송 및 유통채널과의 관계 유지 게임 홍보 등을 담당하며 비디오게임 시장의 메이저 업체들은 플랫폼 홀더와 퍼블리셔를 겸업

20) 개발업체는 게임의 개발을 담당하는 업체로 퍼블리셔와 계약을 맺고 작업을 수행하며 여러 개발단계를 완료할 때마다 금액을 지불받음

4) 온라인게임

온라인게임 시장은 게임을 개발하는 개발사, 게임을 유통하는 퍼블리셔, PC방 사업자, 광고주 등 다양한 이해관계자들이 얽혀 있는 산업구조를 지녔다. 영세한 규모의 중소 개발사들은 게임의 홍보 및 대중화를 위해 대형 퍼블리셔에 의존하는 경향이 있다. 한편 개발사와 퍼블리셔 간 위탁 유통계약이 추상적으로 이루어져 나중에 이익분배 등에 관한 갈등이 빈번하게 발생한다.

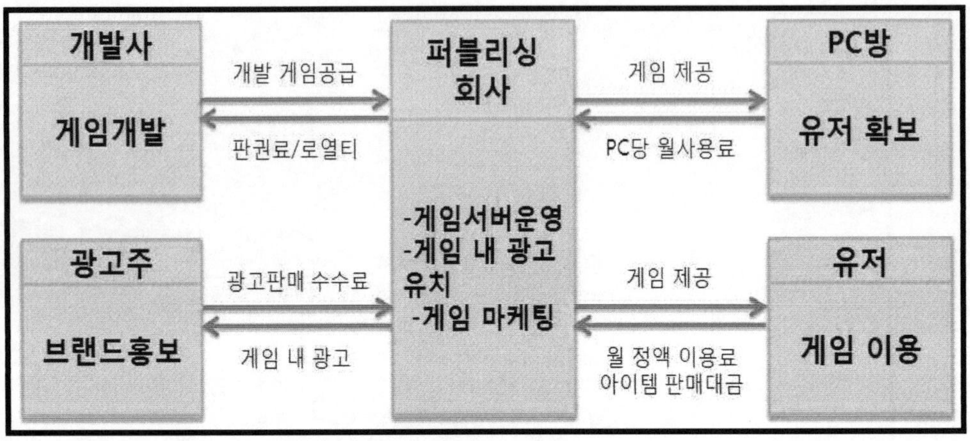

그림 4. 온라인게임 시장의 구조[21]

일반적으로 온라인게임 구조상에서 게임업체라고 불리는 회사들은 게임 개발사와 퍼블리셔, 두 가지 형태로 구분된다. 게임 개발사는 게임을 기획·개발하며 테스트하는 일을 담당하고 게임 퍼블리셔는 게임을 위한 비즈니스 모델을 수립하고 판매 전략을 비롯한 마케팅의 역할을 수행한다.

구분	담당 업무	대표 업체
개발사	게임 개발 전문회사	위메이드, Grigon 엔터테인먼트
퍼블리셔	게임 퍼블리싱 전문	엔씨소프트, 웹젠, 넥슨, 그라비티
개발사+퍼블리셔	게임개발사로 출발하여 퍼블리싱까지 담당	엠게임, CJ인터넷, 다음 게임
개발사+퍼블리셔	퍼블리셔이나 사내 스튜디오를 운영하여 게임제작 병행	Actozsoft, Joyon

표 3. 온라인게임업체의 구분[22]

21) 스트라베이스, 2005
22) 중국 온라인 게임 가치사슬 연구, 국민대학교 남영호

5) 모바일게임

모바일게임은 이동통신 산업의 가치사슬에서 콘텐츠에 해당된다. 모바일게임 자체만의 시장구조를 보면, 콘텐츠제공업자(CP : Contents Provider), 마스터 CP[23], 이동통신사업자로 구성되어 있다. 최근에는 CP의 세분화 및 통합화 등으로 중간단계 없이 이동통신사업자와의 직접거래가 늘어나고 있다.

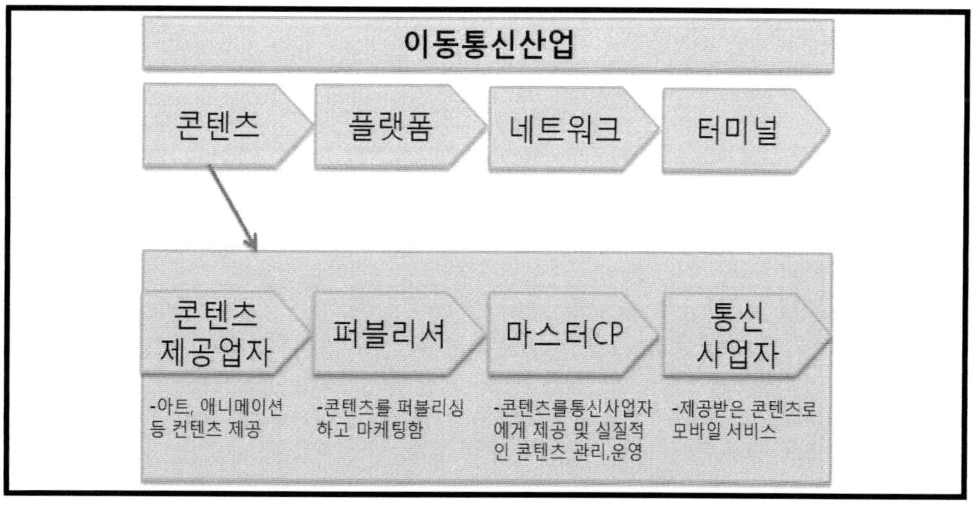

그림 5. 모바일콘텐츠산업의 시장구조

23) 콘텐츠의 실질적인 관리 및 운영을 담당하는 업체

다. 게임 산업의 특징

게임은 문화적, 산업적, 사회적, 학습적 특징을 동시에 지니고 있다. 특히, 전통적 개념에서는 제외되었던 산업적 특성을 살펴보면 다음과 같다. 게임 산업은 원자재나 대량의 설비투자 없이 기획력과 아이디어로 승부하기에 투입 대비 산출의 비율이 여타 다른 산업보다 월등히 높은 고부가가치 산업이다. 또한, 게임 산업 자체뿐 아니라 만화, 애니메이션, 영화, 방송, 인터넷 및 네트워크, 음악 산업, 캐릭터산업 등과 같은 주변산업과 접목해 부가가치 및 파생상품을 창출할 수 있다는 산업특성도 가지고 있다.

표 4. 국내 게임 산업 경쟁력 평가[24)25)]

항목	수준	평가의견
진입장벽/ 경쟁상황	낮음	• 소수의 대형 메이커 업체와 다수의 소규모 기업 및 개인 사업체로 시장이 구성되어 있으며, 기획력과 아이디어만 갖추면 시장 진입이 용이해 시장장벽은 낮은 수준
수급의 안정성/ 전망	높음	• 향후 모바일게임 시장이 전체 게임시장의 성장을 견인할 것으로 예상되며, 고성능 모바일기기 보급 확대, 네트워크 기술 향상 등으로 안정적인 성장세를 지속할 것으로 예상
가격 교섭력	낮음	• 정부의 정책 방향에 민감하고, 구글 안드로이드, 애플 iOS 등의 플랫폼 사업자의 영향력이 커서 상대적으로 온라인 및 모바일게임 업체들의 가격교섭력은 낮은 편
산업의 변동성	높음	• 정부 규제의 변화 가능성과 흥행을 기반으로 하고 있어 주가와 실적의 변동성이 높은 편
경기 민감도	중간	• 경기변동 및 계절성에 따른 직접적인 영향보다는 게임의 재미와 게임성 등이 게임 산업 경기에 가장 큰 영향을 미치는 요소로 작용

게임 산업은 대표적인 엔터테인먼트 산업으로 구분된다. 이는 게임에서 경제성과 상품성의 가치를 창출하는 산업이며, 제조업으로 대변되는 여타의 사업들에 비하여 초기 투자비용 및 가변비용이 상대적으로 적고, 진입 장벽 역시 높지 않다. 게임 산업은 기술력의 발달과 함께 게임의 사회적 파급효과가 증대되면서 엔터테인먼트 산업의 중심으로 발돋움 하였다. 게임 산업은 여타의 산업과는 다르게 원자재 가격변동 또는 국제경제의 불안정한 흐름 등에도 큰 영향을 받지 않는다. 뿐만 아니라 언어, 국가 문화 등의 장벽이 낮아 해외 수출시장에서도 경쟁력을 가질 수 있는 산업으로 높은 경제성과 고부가가치를 창출할 수 있다.[26)]

24) 하나금융경영연구소
25) 평가 수준은 매우 높음, 높음, 중간, 낮음, 매우 낮음으로 나뉨
26) [시장분석] 게임산업의 특성 및 시장 현황, 미래한국, 2016.12.13.

설비투자 등 유형 자산에 대한 투자비중이 높은 전통 제조업에 비해 무형자산의 비중이 높다. 게임 산업은 PC, 서버 등 유형자산보다 게임의 오락성, 캐릭터의 대중성 등 무형의 자산이 산업의 가치를 결정하는 데에 핵심적인 비중을 차지한다. 대표적인 고위험-고수익 산업이며 타 산업과의 연계성이 매우 크다. 게임 산업은 프로그램 개발에 소요되는 연구개발비의 비중은 높고, 하드웨어 제품에 비해 수요의 예측이 어렵다는 점에서 위험이 높다. 반면, 성공적으로 상용화될 경우 적은 추가 비용으로 많은 사용자에게 확산도리 수 있어 고수익이 가능하고, 영화나 애니메이션 등 여러 분야로 확장이 가능하다.[27]

http://www.futurekorea.co.kr/news/articleView.html?idxno=34980

27) 국내 게임산업 동향 및 발전방안, KDB, 2008.

4. 세계 게임산업 동향

4. 세계 게임산업 동향

시장 조사 업체 뉴주(Newzoo)가 2020년의 전 세계 게임 산업은 9.3% 성장할 것이라고 전망했다. 또한 총 1,593억 달러(약 193조 8,840억 원)를 돌파할 것이라고 덧붙였다. 이는 코로나19로 인하여 게임에 대한 수요와 관심이 증가했으며, 많은 사람들이 집에서 하는 여가 활동으로 게임을 선택하고 있기 때문이다.

현재 기종별로는 모바일 게임 성장률(13.3%)이 가장 높으며, PC 게임은 패키지에서 디지털로의 전환이 가속화되고 있는 실정이다. 또한 웹게임(웹 브라우저 게임) 시장은 감소될 것으로 전망되고 있으며, 콘솔 게임은 연말에 PS5와 Xbox 시리즈 X가 출시된 후에 매년 한 자릿수 성장률을 보일 것으로 예상된다.

이는 스마트폰의 보급으로, 자연스러운 현상이라 볼 수 있다. 또한 모바일 게임을 개발하는 것은 PC나 콘솔 게임을 개발하는 것에 비해 덜 복잡하므로 코로나19의 영향으로 인하여 모바일 게임 개발이 지연되는 일은 그렇게 많지 않을 것으로 예측된다.

PC 게임 산업 규모와 콘솔 게임 산업 규모 또한 더욱 증가될 것으로 전망되나 콘솔 게임 개발은 코로나19의 영향을 크게 받을 것으로 보인다. 이미 PS4 게임 '라스트 오브 어스2' 등 몇몇 게임의 출시가 연기된 바 있으며 PS5, Xbox 시리즈 X로 출시될 예정인 게임들도 앞으로 개발하는 데 어려움을 겪을 것으로 보인다.[28)]

최근에는 게임 산업에서의 메타버스가 화제가 되고 있다. 메타버스(Metaverse)는 '뛰어넘는다(초월한다)'는 의미를 지닌 접두어로 MZ세대의 전면 부상, 팬데믹 환경이 빚은 가상공간 활동의 증가, 로블록스의 IPO 성공 등이 복합 작용하며 메타버스에 대한 사회적 관심이 폭등하고 있다.

메타버스가 인터넷을 뒤잇는 새로운 플랫폼이 될 것이라는 전망 속에, 게임은 현재 메타버스 플랫폼 구축 경쟁에서 가장 앞서있다는 평을 받고 있다. 가상세계로서 게임은 메타버스의 핵심 특성을 이미 갖추고 있는데다가, 최근에는 MZ세대를 중심으로 게임을 소셜미디어로 받아들이는 흐름이 한층 강화되고 있기 때문이다.

게임이 메타버스 플랫폼 경쟁에서 앞서 나가고 있는 만큼, 게임 기업들 사이에서도 메타버스 주도권을 선점하기 위한 경쟁이 치열하게 전개되고 있다. 인터넷이 정보와 서비스를 온라인으로 가져오는 역할을 했다면, 메타버스는 인간의 일상 대부분을 온라인으로 이동시킬 것을 목표로 한다.

만일 예상대로 게임업계가 메타버스 트렌드를 주도하게 된다면, 게임산업의 경제적 규모가 급팽창할 것으로 전망된다. 현실세계의 패션, 부동산, 예술품과 같은 상품들이 가상세계의 아이템으로 재현되고 게임의 경제 체계 안으로 거래될 것이기 때문이다.

---

28) 전 세계 게임 산업, 2020년에 9.3% 성장 전망…모바일 게임 성장률은 13.3%/게임뷰

현재의 메타버스 열풍을 가져온 핵심 동력은 MZ세대이고, 이들이 게임을 이해하고 즐기는 방식은 지금까지와 분명 다른 면이 있다. 어느 순간 게임은 그 자체로 소셜미디어가 되었으며, 가상의 생활공간이 되었다. 게임을 직접 하는 것 보다는 다른 사람의 플레이 영상을 보면서 같은 관심사를 가진 사람들과 채팅하는 것에서 더 재미를 느끼는 사람들도 늘어가고 있다.

팬데믹을 계기로 사회적 위상이 높아진 게임 산업이 메타버스라는 새로운 플랫폼 구축 노력을 통해 우리 사회의 대체 불가능한 주류산업으로의 성장이 기대된다.

가. 주요 국가 동향

1) 중국

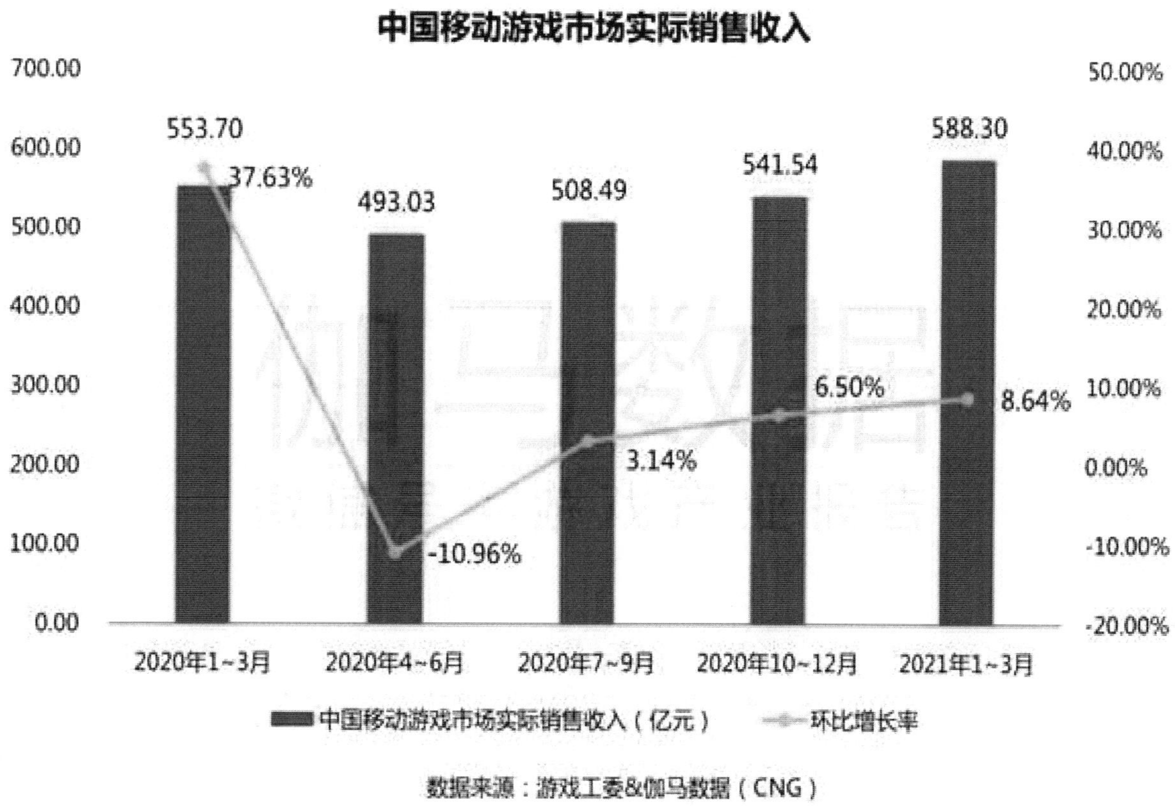

감마데이터는 1분기의 성장을 이끈 것으로 '춘절 연휴'를 꼽았다. 춘절 연휴는 중국 모바일 게임 시장의 대목 중 하나다. 2020년에는 코로나19로 인해 게임 시장도 다소 어수선했지만, 2021년에는 많은 게임 업체들이 적극적으로 춘절에 맞춰 다양한 프로모션을 진행했다. 그리고 코로나19 이후에 중국에서 모바일 게임 사용량이 증가한 것도 성장에 영향을 미쳤다.

1분기에 중국에서 가장 많은 매출을 올린 모바일 게임은 텐센트의 '왕자영요'다. 그리고 '화평정영', '몽환서유', '삼국지 전략판', '원신', '천애명월도 모바일', 라이즈 오브 킹덤즈', '대화서유', '콜 오브 듀티: 모바일'이 매출 Top 10에 이름을 올렸다. 2020년 1분기와 비교하면, 4개의 게임이 Top 10에 진입했다. 게임 장르를 살펴보면, 적진점령(AOS, MOBA), 총싸움 배틀로얄, MMORPG, 전략, 액션 RPG가 포진했다.

伽马数据移动游戏流水测算榜TOP10

排名	游戏名称	游戏类型	1-3月全平台流水测算（亿元）
1	王者荣耀	MOBA类	
2	和平精英	射击类	
3	梦幻西游	回合制RPG类	
4	三国志·战略版	策略类（SLG）	
5	原神	ARPG	
6	天涯明月刀	MMORPG	
7	万国觉醒	策略类（SLG）	
8	穿越火线:枪战王者	射击类	
9	大话西游	回合制RPG类	
10	使命召唤手游	射击类	

1분기 매출 상위 50위를 기준으로 살펴보면, 가장 많은 점유율을 차지한 장르는 RPG 계열(MMORPG와 액션 RPG 등)이다. 2020년에 출시된 '원신'과 '천애명월도 모바일'이 장기 흥행하고 있는 것이 영향을 미친 것으로 보인다. 여기에 넷이즈는 1월에 모바일 MMORPG '천유'를 흥행시켰고, 즈룽게임은 3월에 모바일 SRPG '천지겁: 유성재림'을 성공시켰다.

RPG의 성장 덕분에 점유율 2위인 총싸움 게임(총싸움 배틀로얄 게임 포함)의 비중은 다소 감소했다. 하지만 여전히 상당한 시장 점유율을 보여주고 있다. 이외에는 카드 게임의 비중이 다소 증가한 것이 눈에 띄었다.

유명 작품을 소재로 개발된 모바일 게임의 비중은 계속 증가하는 추세다. 1분기에는 유명 게임 '콜 오브 듀티'를 소재로 개발된 '콜 오브 듀티: 모바일'과, 소설 '천지겁'을 소재로 개발된 '천지겁: 유성재림'이 두각을 나타냈다.

아시아 게임시장 컨설팅 업체인 니코파트너스(Niko Partners)는 중국의 현재 상황이 '다소 복합적'이라는 진단을 내놓고 있다. 이 업체가 중국 내 게임 이용자 1,057명을 대상으로 2020년 4월 시행한 설문조사 결과에 따르면, 코로나19 사태가 중국 게임업계에 오히려 악재로 작용한 측면도 적지 않기 때문이다.

물론 게임 이용량과 지출금액이 나란히 증가한 것은 분명해 보인다. 모바일게임 관련 설문에 참여한 응답자의 97.2%는 팬데믹 이전보다 게임이용 시간이 더 길어졌다고 답했고, 일부 캐주얼 게임들은 이용자 1인당 평균 방문횟수가 종전 5회에서 15~20회까지 급증한 것으로 나타나기도 했다.

예전보다 게임 관련 지출액이 늘었다는 응답 역시 81.6%에 달했다. 결제가 집중되는 시기는 각종 게임 내 이벤트와 할인행사가 시행되는 주말 기간인 것으로 확인됐다. 하지만 문제는 '수혜 범위'다. 설문 결과만 놓고 보자면 팬데믹이 비주류 게임이나 신작 게임에는 그다지 호재가 아니었을 것으로 보인다. 전체 응답자의 88.8%는 기존 게임을 여전히 즐기고 있거나 예전에 접었던 게임을 다시 시작했다고 밝혔다. '이미 익숙한 게임'으로 이용자가 몰렸다는 것은 메이저 업체들의 주력 게임에 코로나 특수가 상당부분 집중됐을 것임을 암시한다.

이런 양상은 PC게임 부문에서도 크게 다르지 않다. 전체 응답자의 94.6%가 도시 봉쇄 이전보다 PC게임을 더 오래 플레이한 것으로 조사됐지만, 그와 동시에 전체의 절반 이상인 61.5%는 새 게임이 아니라 예전에 접었던 게임을 다시 하고 있었기 때문이다. PC게임 관련 지출을 늘렸다는 응답은 76.3%였는데, 이 또한 신작 게임보다는 기존 인기 게임들의 춘절 이벤트와 관련성이 더 크다는 것이 니코파트너스의 분석이다.

이런 점 때문에 주로 광고를 통해 수익을 내는 캐주얼 게임들은 코로나19에 따른 경제활동 위축으로 직격탄을 맞은 것으로 보인다. 마케팅 지출을 줄이거나 아예 영업 자체를 포기하는 사업체가 속출하면서 게임내 광고 수주에 어려움이 가중된 탓이다. 이를 근거로 니코파트너스는 향후 유료 아이템 판매를 병행하는 하이브리드 수익모델이 캐주얼 게임 전반으로 확산될 가능성이 높다고 본다. 매출 성장의 여지로만 보자면 광고보다는 앱내 결제 쪽의 전망이 더 밝다는 분석이다.[29)]

중국은 2020년 한 해 동안, 자체 개발한 게임 프로그램의 해외수출규모가 지속적으로 확대되면서 중국산 게임의 해외 영향력, 시장점유율, 글로벌 이용자 규모도 증가해왔다. 현재 중국 게임기업의 '저우추취(走出去·해외진출)' 지역을 보면, 동남아시아 지역을 넘어서 미국, 일본, 한국, 유럽과 같은 게임 산업이 성숙한 지역으로 진출하기 시작하였으며 중동, 인도, 러시아, 브라질 등 신흥 게임시장까지 범위를 넓히고 있다.

그 외, 중국산 게임의 수출유형과 장르도 점차 다양화되며, 게임판권 협력에서 해외유입과 개발, 해외대리, 주식 인수 및 투자, 공동개발 등 여러 가지 비즈니스모델을 보유 하며 인터넷 기술 및 온라인게임의 발전에 따라서, 기술 장벽을 없애고 글로벌 자본이 몰리게 함으로써 중국 문화산업 해외진출의 새로운 방식을 찾아내며 국가의 문화 소프트파워를 더욱 향상시키고 있다.

중국의 2020년 게임시장 총 실제 영업매출은 2786.87 억 위안(약 47 조 5300 억 원)이며, 2019 년 대비 20.71% 증가하여 빠른 성장세를 유지했다. 게임유저규모 또한 안정적으로 성장하고 있으며, 총 규모가 6.65 억 명에 달해 2019 년 대비 3.7% 증가하였다.

---

29) 글로벌게임산업트렌드 2020 5-6월호 p.54-57/한국콘텐츠진흥원

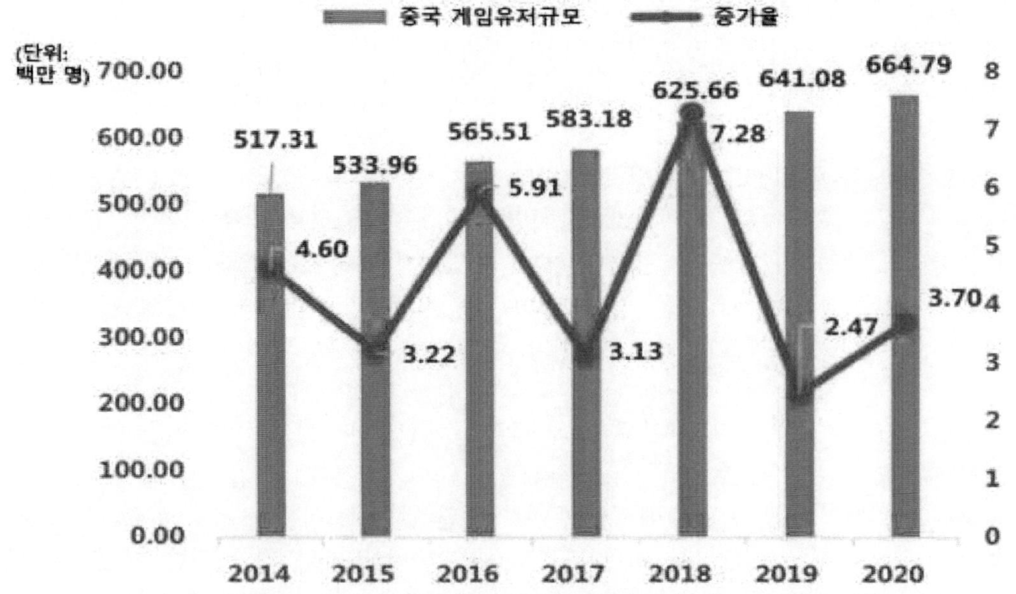

그림 40 2014-2020년 중국게임시장 유저규모 및 증가율

앞으로 창조적 혁신과 고품질 게임개발은 중국 게임 산업이 강한 경쟁력을 갖추게 한 핵심 요인이며 정부의 관련 산업지원 정책도 상당히 중요한 역할을 맡고 있다. 향후 정부에서 게임 산업에 대한 정책지원과 자금투입의 주안점은 점차 기술 및 콘텐츠 혁신 등의 영역으로 기울어질 가능성이 높아졌고 이는 재정지원, 격려금과 같은 경제적 지원 외에 인재양성, 고품질 게임 프로젝트 개발 등 다양한 방면에서 더 많은 지원을 제공할 것으로 보인다.

미래 각 지역에서 지원정책이 추진되면서 중국 게임 산업의 고품질화와 브랜드화가 한층 더 진행될 수 있으며, 발달한 일선도시(一线城市)에서 혁신을 이끌고 다른 지역에서 각각 구체적인 실정에 맞게 발전하는 지역 간 연동체계를 형성함으로써 게임 산업의 지속적인 고속발전을 추진할 예정이다.

2020년 중국 자체개발 모바일게임의 해외시장매출 점유율을 유형별로 살펴보면, 1~3 위를 차지하는 게임은 각각 전략 시뮬레이션 게임 37.18%, 슈팅 게임 17.97%, 롤플레잉게임 11.35%로 총 66.5%를 차지하며 해외지역 매출액의 절반을 넘기도 했다.

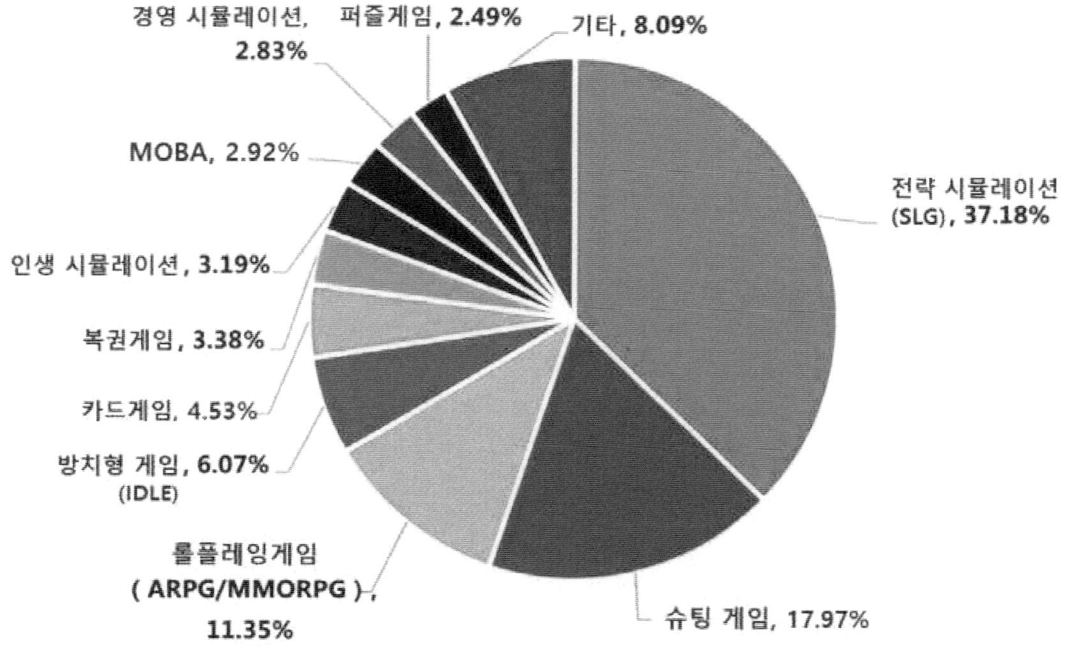

그림 41 2020년 중국 자체개발 모바일게임 해외시장 실제 영업매출 유형별 점유율

5G 기술의 상용화가 실현되면서, 기지국의 건설도 계속 추진되어 오고 있음. 연결속도가 빠르고 편리성이 높은 인터넷 인프라를 기반으로 하여 클라우드 게임, e 스포츠게임, VR 산업은 모두 고속 발전할 것으로 예상되며 앞으로 몇 년 동안 클라우드게임시장은 고속 성장할 것으로 전망된다.

감마데이터는 하이퍼 캐주얼 게임의 성장세에 주목하여 기존의 강자였던 징가, Voodoo가 건재한 가운데 바이트댄스의 하이퍼 캐주얼 게임이 좋은 성과를 거두고 있다는 점이 눈에 띈다고 발표했다. 이와 같이 중국의 하이퍼 캐주얼 게임 시장의 경쟁이 앞으로 굉장히 치열해질 것으로 보인다.

2) 영국

영국 인터렉티브엔터테인먼트협회(UKIE)가 자국의 총선을 앞두고, 2019년 11월 15일 게임 산업 발전을 위한 10대 정책 제안을 발표했다. 정책 제안에는 게임 산업의 활성화를 위한 자금 및 정책 지원 내용과 함께, 사회 전반의 디지털 문해력 향상과 교육 및 학습을 위한 게임의 활용성에 대한 내용도 포함되어 있다.

UKIE(UK Interactive Entertainment)는 영국의 게임 및 인터랙티브 엔터테인먼트 산업 협회로서, 전국 450개 이상의 기업 및 조직을 대표한다. 비영리 단체로서 소규모 신생 기업부터 대규모 다국적 게임 개발업체, 퍼블리셔, 서비스 사업자에 이르기까지 다양한 규모의 기업들을 회원으로 두고 있으며, 온라인, 모바일 앱, 콘솔, PC, eSports, VR/AR 게임 분야를 포괄하고 있다. 구체적인 10가지 제언 내용은 다음과 같다.

1. 게임산업에 대한 공적자금 투입

-예술위원회(Arts Council) 및 국가복권기금(National Lottery) 등을 통해 문화적 비디오 게임(cultural video games)에 대한 공적자금을 제공함으로써 여타 창조산업 분야와의 일관성을 확보할 것을 제안한다.

2. 게임과 디지털 문해력

-차기정부가 사회 전반의 디지털 문해력(digital literacy) 향상을 위한 비디오 게임의 역할을 인지할 것을 촉구한다. 이와 관련, 모든 연령대의 사람들이 온라인 세계를 안전하게 탐색 할 수 있는 주요 디지털 문해력 도구로 게임을 사용할 수 있도록 산업계와 협력할 것을 제안한다.

3. 게임 축제 활성화 지원

-런던 게임 페스티벌(London Games Festival)과 유사한 신규 또는 기존 지역 게임 페스티벌에 자금을 제공함으로써, 영국 지역 비디오 게임산업의 성공 사례를 더욱 증진할 것을 제안한다.

4. 영국 게임기금의 확대

-비디오 게임의 시제품 제작을 지원하는 영국 게임기금(UK Games Fund)을 확장하고 컨셉 단계의 게임을 지속 가능한 비즈니스로 전환하는 데 도움이 될 수 있는 프로젝트를 지원하기 위해 추가 기금을 확보할 것을 제안한다.

5. 지역 단위의 성장 지원
-지역에 인터랙티브 엔터테인먼트 클러스터를 확장하기 위한 업계의 노력을 지원함으로써, 추가 일자리를 창출하고 전국에 걸친 경제 성장을 이끌어낼 것을 제안한다.

6. 디지털 학교 확산
-전국의 모든 학교를 디지털 학교(Digital Schoolhouse)로 바꾸어 모든 어린이들에게 놀이 기반의 컴퓨팅 교육을 시키는 한편, 교실 내에서 모든 과목에 대한 학습 도구로 게임을 사용하도록 장려할 것을 제안한다.

7. 다양성
-UKIE의 다양성 조사 결과(2020년 초 출판 예정)에 따라, 게임 사업 분야의 다양성을 강화하려는 업계의 노력에 대한 정부의 지원을 촉구한다.

8. 게임의 활용성에 대한 연구 및 근거 확보
-정부, 학계, 산업계가 협력하여 사용자가 게임에 참여하는 방식에 대한 강력한 연구를 지원할 것을 제안한다.

9. 교육과 훈련
-영국 교육기관의 등급을 매기는 Ofsted 평가 기준을 창의성에 우선순위를 두는 방향으로 변경할 것을 제안한다.

10. e스포츠
-e스포츠 분야의 풀뿌리 조직을 위한 공공자금을 제공하고, 세계적인 국제 e스포츠 인재가 영국에 입국할 수 있도록 보장하며, 영국 e스포츠 비즈니스가 더 많은 글로벌 고객에게 도달할 수 있도록 인프라를 구축함으로써 e스포츠 부문을 성장 시킬 것을 차기정부에 촉구한다.

30)

영국의 비디오 게임시장은 독일 다음으로 유럽에서 2번째, 세계에서는 6번째로 가장 크며 지난 10년간 꾸준한 성장률을 보이고 있다. 영국 비디오게임협회에 따르면 2019/2020 영국 게임 산업의 매출은 전년대비 21.4% 증가한 9억700만 파운드를 기록했다. 모바일 게임의 경우 2020년 매출은 전년대비 26.1% 증가한 21억840만 파운드(미화 30억1300만 달러)를 기록했다. 이는 2025년까지 연평균 9.9%의 성장률을 보이며, 시장 규모가 35억1073만 파운드(미화 50억1700만 달러)에 이를 것으로 전망된다.

영국은 2014년부터 비디오게임 개발사에 대한 세금감면 혜택인 VGTR(Video Games Tax Relief)를 시행하고 있는데 해당 제도로 영국 내에서 개발된 게임에 대해 총지출의 20%를 환급받을 수 있다. 2019/20년 해당 제도를 통해 지원된 금액은 전년대비 244.6% 증가한 3억

30) 글로벌게임산업트렌드 2020 1-2월호 p.68-71/한국콘텐츠진흥원

5500만 파운드이며, 2014년 VGRT이 시행된 이래 총 1375게임 개발에 37억 파운드가 지원됐다.

비디오게임에서 가장 많이 사용되는 기술 중 하나는 AI로 NPC(Non-player character)에 많이 사용된다. 게임 디자이너는 NPC에 정해진 스크립트를 따르도록 하거나 플레이어의 선택에 따라 다른 행동이나 대사를 하게끔 프로그래밍한다. 최근에는 NPC에 이전보다 더 복잡한 의사결정 프로세스가 가능하도록 설계하는 추세이다. AI는 게임 개발 과정 및 게임 플레이어의 정보 분석 등 다양한 분야에도 활용된다.

VR기술은 영국 창조 산업계에서 가장 빠르게 성장하는 분야로, 시장 규모는 2018-2022년 연평균 35% 성장률을 보이며 12억 파운드를 기록할 것으로 전망된다. 영국 국립 필름 및 텔레비전 대학과 로얄 할로웨이 대학은 VR과 AR 기반의 스토리텔링 콘텐츠 개발을 위한 아카데미를 설립한 바 있다.

영국은 게임산업 성장에 독보적인 환경을 갖추고 있다. 먼저, 미국과 유럽 시장 모두를 커버할 수 있는 지리•문화적 강점이 있으며 얼리어답터 문화로 인해 특히 초기 단계의 스타트업이나 기업이 시제품을 출시하고 테스트하기 좋은 환경이다. 또한 스마트폰 및 태블릿 보급률이 높고 VR/AR AI 등과 같은 4차산업 기술이 발달돼 있어 신기술을 활용한 게임 개발 및 유통이 신속하게 이뤄진다. 런던의 경우 게임 관련 인큐베이터, e스포츠 기관 및 이벤트, 협회, 교육기관 등이 산재해 있어 게임산업이 성장하기 좋은 생태계를 갖추고 있다.

영국에는 2280여 개의 게임 관련 기업이 운영 중이며, 영국 전역(23개 도시 및 지역)에 골고루 분포돼 있다. 영국에는 다섯 개의 게임 상장기업이 존재하며 모두 셰필드, 웨이크필드, 캠브리지 등 런던 외 지역에 위치한다. 2020년 영국의 게임개발업 종사자는 전년대비 17.3% 증가한 3만 781명으로 증가했다.

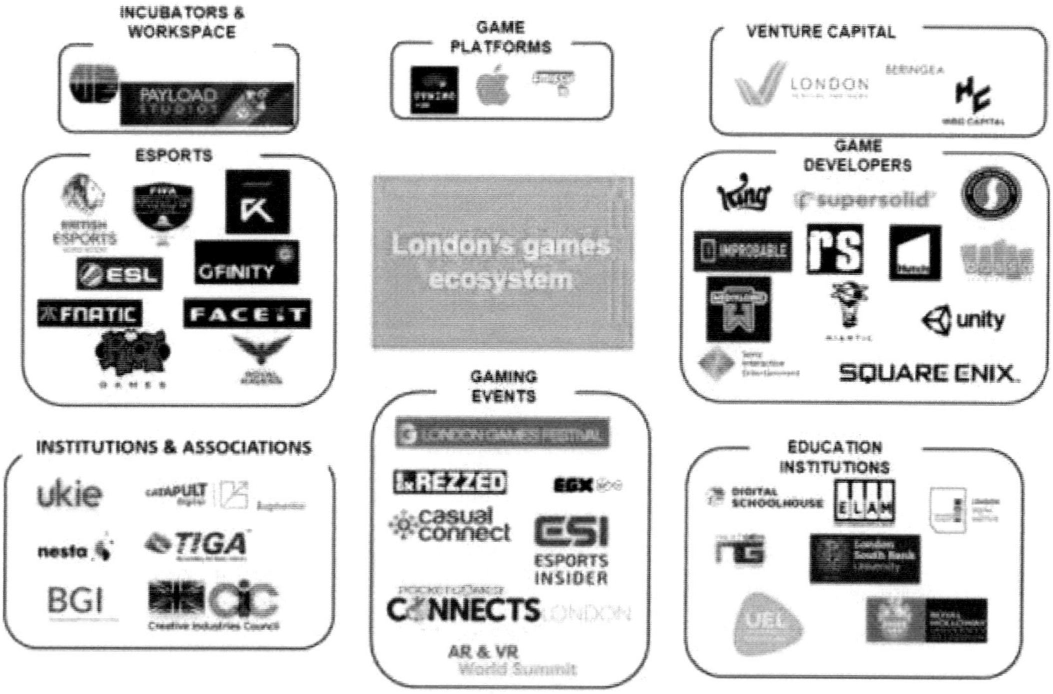

그림 42 런던 게임 산업 생태계/ 런던 투자진흥청

영국에서 게임을 즐기는 인구는 3790만 명이며, 2020년 상반기 록다운 기간 중 PC게임 및 모바일게임 인구는 전년 동기 대비 각각 46%, 17%씩 증가한 바 있다. 따라서 게임 산업은 록다운 동안 경제적 타격을 받은 많은 산업 분야와 반대로 오히려 급성장을 한 '코로나 위너'로 평가받고 있다. 영국 비디오게임협회는 2021년부터는 영국 소비자가 독서보다 게임에 더 많은 소비를 할 것이라고 전망했으며, 시장통계 전문기관 Statista는 2021년 모바일게임 이용자 비중은 37.8%, 2025년은 43.8%까지 확대될 것으로 예상했다.31)

3) 중동

중동 및 북아프리카 지역을 아우르는 MENA 지역 게임시장은 오일 머니로 구축한 부, 성숙한 정보통신(ICT) 인프라, 인구의 절반이 30세 이하인 젊은 게이머 층을 바탕으로 세계에서 가장 성장 잠재력이 높은 게임 시장으로 꼽힌다.

31) 2021년 영국 게임 산업 정보/해외시장뉴스

MENA 지역의 기기별 게임 시장 점유율

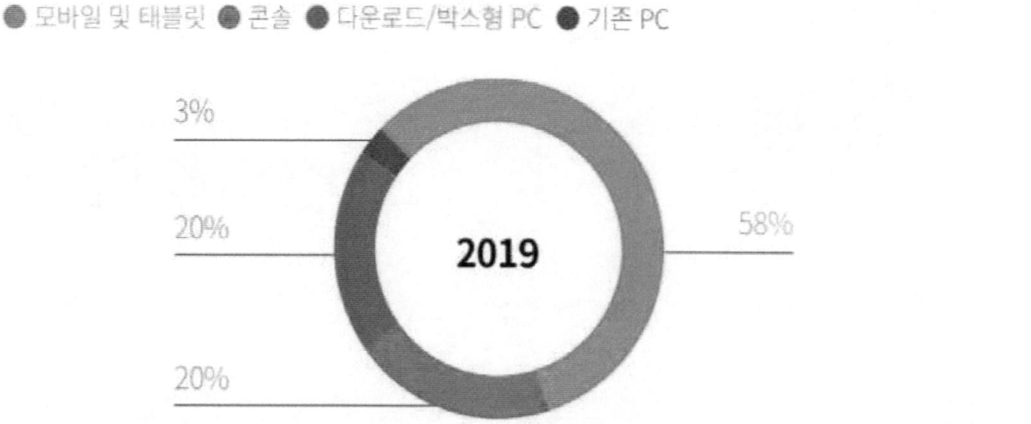

출처: Newzoo(2019.11)

뉴주(Newzoo)에 따르면, 2019년 말 기준 전 세계 게임산업 규모는 1,581억 달러를 기록한 가운데, 중동(MENA)지역은 전체의 3%인 48억 달러를 기록했다. 또한 중동(MENA) 지역의 게임 산업은 2022년까지 연평균 12.1%의 성장률을 보일 것으로 전망된다.

국가별로는 사우디아라비아, 이란, 아랍에리미트 순으로 시장 규모가 크지만, 이란의 경우 미국의 제재로 인해 리그오브레전드(LoL), 포트나이트(Fortnite) 등의 글로벌 대작은 차단당한 상태다. 또한, 요르단은 2018년 IT 분야에서 가장 활발한 성장세를 보이는 부문이 SW, 모바일 및 온라인 어플리케이션 및 게임 분야 개발 활동으로 2018년 기준 1억 8,000만 달러 규모의 시장을 형성하고 있다.

기기별 비중은 모바일 및 태블릿 게임(58%), 콘솔 게임(20%), 다운로드/박스형 PC(20%), 기존 PC(3%) 순이다. 지역별 게임 기기 선호도를 살펴보면 걸프만 연안 지역에서는 콘솔, 레반트 지역에서는 PC, 북아프리카 지역에서는 모바일을 선호하는 경향이 두드러진다.

스태티스타(Statista)에 따르면, MENA 지역의 모바일 게임 부문은 2015년 6억 8,000만 달러에서 2022년 23억 달러에 달할 것으로 전망된다.32)

이와 같이 중동 지역은 세계에서 가장 빠르게 성장하고 있는 게임 시장 중 하나이며가상 현실 게임, e-스포츠, 그리고 전 세계의 경쟁자들이 참여하는 경쟁전 형태로 진화하고 있다. 또한 MENA의 e스포츠 산업은 앞으로 호황을 볼 것으로 기대된다.

온라인에서 게임 영상을 시청하는 것은 게임 그 자체만큼이나 유행하여 트위치, 유튜브 게이밍, 페이스북 게이밍과 같은 플랫폼에서 높은 참여율을 보이는 중이며 UAE와 사우디아라비아는 세계 유튜브 게이밍 시장 10위 안에 든다는 조사 결과가 있고 코로나19로 인한 이동 제한 상황 속 중동 모바일 게임 다운로드 비율이 28%으로 증가했다.

---

32) 글로벌게임산업트렌드 2020 1-2월호 p.90-95/한국콘텐츠진흥원

MENA 지역에서는 스마트폰이나 태블릿으로 게임을 하는 모바일 게이머가 PC나 콘솔 게이머보다 많고 이집트의 경우, 스마트폰이나 태블릿을 사용하는 58%에 비해 14%만이 콘솔게임을 이용한다. UAE에서는 21%가 콘솔, 28%는 PC, 57%는 모바일 게임을 즐기며, 사우디아라비아에서는 20%가 콘솔, 22%는 PC, 52%는 모바일 게임을 이용하는 것으로 나타났다.

MENA 최고 인기 모바일 게임으로는 PUBG, 인티캄 알 살라틴, 포트나이트, 라이즈 오브 킹덤 등이 있다.

특히 사우디아라비아는 정부의 VISION 2030을 통한 국가 발전 추진과 더불어 2020년 코로나19로 인해 주택 내 활동이 증가하면서 게임시장이 빠르게 주목받기 시작했다. 전년대비 41.1%의 성장률을 보이며, 세계 20번째 규모의 게임시장이 됐는데, 전체 인구의 약 60%인 2120만 명이 게임을 즐기고 있는 것으로 확인된다. 사우디 내 록다운 기간 동안 게임인구가 약 15~20% 증가한 것으로 확인됐는데, 이 중 여성 이용자 비율이 40%에 육박한다.

현재 10억 달러 규모로 평가되는 사우디의 게임시장과 E-sports*시장은 정부의 투자를 바탕으로 향후 3년 내 2~3배 증가할 것으로 전망된다. 사우디 게임시장을 게임종류별로 분류하면, 모바일 게임 이용자가 가장 많고 콘솔 게이머, PC 게이머가 그 뒤를 잇는다. 특히 모바일게임의 경우 사우디의 인터넷 인프라 개선과 함께 이용률이 급증해 주요 도시에서는 70% 넘는 인구가 이용하고 있음을 알 수 있다.

	모바일게임	콘솔게임(비디오게임)	PC게임
전체 게임 이용자(이용률)	1,930만 명(55.5%)	1,390만 명(39.9%)	1,340만 명 (38.5%)
주요 도시* 인구 게임 이용률	73%	64%	62%
- 남성	73%	68%	64%
- 여성	72%	60%	59%

표 52 2020년 사우디 게임 인구/Arabian Business

콘솔 게임이 게임 내 지출비율과 헤비 유저비율이 모두 높은 것을 확인할 수 있는데, 이는 모바일과 PC게임에서의 무료 게임의 비율이 높은 것에서 기인한다고 판단된다. 다만 모바일게임은 타 게임 대비 이용자가 10%가량 많아 시장 내에서 콘솔 게임과 더불어 매출에 높은 기여도를 보이고 있다고 평가된다.

사우디의 게임 산업은 정부의 적극적인 투자와 시장의 높은 발전가능성 그리고 코로나19로 촉발된 외부요인과 함께 게임 산업의 선두주자로 자리매김하기 위한 노력이 수반되고 있다. 특히 기존의 콘솔게임이 주를 이루던 시장에 접근이 용이하고 비용 부담이 적은 모바일게임의 성장세가 더해지면서 소비자들에게 게임 산업이 더 가깝게 다가갈 수 있게 될 것으로 전망한다.

나. 플랫폼별 최신 동향

1) 콘솔 게임[33)]

국내 콘솔게임 시장은 최근 5년간 큰 폭의 성장세를 보여 왔음에도 불구하고, 전체 게임 산업 내에서의 비중은 여전히 5% 미만에 머무르고 있다. 이는 북미/유럽 등 서구권에서 콘솔게임이 전체 게임 산업의 중심을 차지하는 것과 상이한 흐름으로, 아시아권에서 콘솔게임은 다소 비주류 플랫폼으로 분류되는 현상과 일치한다.

국내 콘솔게임의 낮은 이용률은 급속한 산업화 과정에서 놀이문화에 여유롭기 어려웠던 80-90년대 초창기의 부정적 인식으로부터 적지 않은 영향을 받은 게임문화 전반에서 기인하며, 특히 플랫폼 측면에서 교육목적으로 빠르게 보급된 PC플랫폼에 의해 PC게임 위주의 환경이 형성됨에 따라 적지 않은 영향을 받았다.

콘솔게임이 근래 보이는 유의미한 점유율 상승세는 상대적 단가 하락에 의한 전문 게임기기 진입의 진입장벽이 낮아진 점, 유년기 게임경험을 보유한 게이머 세대가 중장년에 진입하며 구매력과 게임 이해도가 향상된 점, 이러한 시장변화를 놓치지 않고 적극적 마케팅 전략을 수행하는 콘솔업체들의 움직임 등으로부터 기인한다.

특히 2017년 이후 콘솔게임 보급에 큰 역할을 차지한 닌텐도 스위치는 하이브리드기기로 거치형과 모바일의 장점을 묶어내고 올드게이머 부모와 아동/청소년을 동시에
사로잡는 구성으로 PS4 독주를 양강 체제로 재편해냈으며, 향후에도 지속적인 영향력을 행사할 것으로 예상된다.

성장세를 보이는 콘솔게임 시장, 그러나 국내 게임 산업에서는 아직 유의미한 성과를 내기는 어려운 시장이다. 성공작들의 플랫폼 이식과 신규 전략에 의한 프로젝트 등의 성과는 조금 더 시간과 인내를 요한다.

새롭게 변화하는 미디어 환경 안에서 콘솔게임은 적지만 지속적인 성장세를 만들어낼 것이다. 이는 콘솔게임의 범주 자체를 뒤바꾸는 다채로운 가능성으로 나타날 것이며, 9세대 콘솔기기의 발매가 예상되는 2021년을 전후로 한 새로운 폭의 성장세가 나타날 것으로 기대된다.
한국 콘솔게임은 도입 초기부터 놀이문화에 대한 배타적 태도, 교육목적으로 시작된
PC중심 게이밍 문화 등에 의해 오랫동안 낮은 점유율을 보이고 있었으나, 2010년대
이후 점차 상승세를 보이며 향후 시장 확대에 대한 낙관적 전망을 가능케 하는 흐름을 보이고 있다.

초창기 콘솔 게임기의 가격은 대략 15만원선의 가격대를 형성했다. 한편, 현재 콘솔게임기 가격은 약 40만 원대에 집중되는 경향을 보인다. 그러나 실질가격은 상승했지만, 물가를 대비 했을 때, 콘솔게임기기 가격은 상대적 하락세를 보여 왔다. 이와 같은 콘솔기기의 상대적 가격하락은 기존보다 콘솔게임의 구매에 있어 조금 더 쉬운 진입장벽을 만드는 기제로 작용했

33) 뉴트로 게이밍 트렌드 국내 콘솔게임 현황과 전망/KOCCA 포커스 한국콘텐츠진흥원

다. 또한 프로모션 방법도 변화되었다. 초창기 콘솔게임기기의 마케팅전략과 달리 2010년대 후반에 이루어지는 콘솔게임기기 마케팅은 주 타겟을 중장년층에 맞추었다.

플레이스테이션의 유튜브 광고 <유부남이 4는 길>

2010년대 후반 주요 콘솔게임 유통사는 중심타깃을 중장년층, 특히 40대, 자녀를 가진 남성에 집중하는 경향을 보였으며 소니 플레이스테이션은 유튜브 등의 영상광고를 통해 '유부남', '부인에게 허락 받는다' 등의 슬로건을 내걸며 40대 남성의 구매 촉진을 위한 메시징을 지속 중이다.

한편, 콘솔게임의 타이틀 선택에서 한글화·한국어화 여부는 게이머들의 선택에서 이제 중요한 요소로 자리잡기 시작했으며, 이에 따라 적극적인 시장 공략을 노리는 콘솔업체들에 의한 한글화 타이틀 출시량이 지속적으로 늘어가는 추세다.

현재의 콘솔게임 상승세는 결과 측면에서 여전히 5% 미만의 낮은 비율을 나타내고 있지만 지속적인 성장이 예견된다는 측면에서 향후 성장전망에 대한 더 큰 가능성을 내포하는 흐름으로 판단 가능하다.

특히 2017년 닌텐도 스위치의 발매가 기존 콘솔게임기기 미보유자 등으로부터 큰 폭의 지지를 받았다는 점은 향후 차세대 게임콘솔기기의 등장이 예상되는 2021, 2022년을 전후로 다시 한 번 큰 폭의 성장률을 달성할 것으로 예측 가능하다.

특히 최근 들어 다시 시작된 콘솔게임의 상승세에 힘입어 다시금 주요 개발사를 중심으로 한 콘솔게임 제작의 흐름이 두드러지기 시작했다. 넥슨, 넷마블 등 대형 게임제작사들은 콘솔 차기작 개발에 관한 계획을 발표했다. 또한 엔씨소프트, 네오위즈, 블루홀 등도 차기작 계획에 콘솔 관련 입장을 표명한 바 있다.

순번	게임명	플랫폼	한글화 여부
1	고스트 리콘: 와일드랜드	PS4/XBOX ONE/PC	O
2	포 아너	PS4/XBOX ONE/PC	O
3	젤다의 전설 브레스 오브 더 와일드	SWITCH	O
4	호라이즌 제로 던	PS4	O
5	매스 이펙트 : 안드로메다	PS4/XBOX ONE/PC	X
6	바이오하자드 7 레지던트 이블	PS4/XBOX	O
7	GTA V	PS4/XBOX ONE/PC	O
8	NBA 2K17	PS4/XBOX ONE/PC	O
9	콜 오브 듀티: 인피니트 워페어	PS4/XBOX ONE/PC	O
10	MLB 더 쇼 17	PS4/XBOX ONE/PC	O

* 출처 : <2018 대한민국 게임백서>, (한국콘텐츠진흥원).

콘솔게임 TOP10의 한글화 여부

또한 PUBG주식회사는 자사의 히트작 <배틀그라운드>를 PS4와 XBOX 플랫폼 하에출시하여 좋은 성과를 거두었으며, <검은사막>으로 성장한 펄어비스 또한 <검은사막>의 콘솔버전 베타테스트를 진행하는 단계를 거치고 있어 이러한 흐름들의 가시화는 2019년에도 지속적으로 나타났다.

확실한 캐시카우로 모바일게임의 의미는 여전히 강력하지만, 중장기계획 측면에서 모바일게임은 성숙기를 넘어 동일소비자군 내에서의 과잉경쟁 단계로 접어들 것으로 전망된다. 따라서 향후 변화할 시장 판도 안에서 콘솔 게임으로의 진출은 각 게임제작사들이 소홀히 하기 어려운 과제일 것이며, 그 과정에서 단기적 이익의 문제가 아닌 전략적 접근의 발판이 될 수 있다.

2020년 한 해 동안 콘솔게임 시장 매출은 전년대비 24.9% 늘어난 8천676억 원에 달했으며 성장세만 놓고 본다면 국내 게임 산업에서 가장 높은 성장세를 기록하고 있는 부문이다. 2018년 41.5%의 성장률을 기록한 콘솔게임 시장은 2019년과 2020년에 각각 31.4%, 24.9%의 성장률을 보였다.

2) 클라우드 게이밍 서비스[34]

클라우드 게이밍 서비스는 2001년 컨셉이 발표되고 2010년을 전후해서 서비스 되었고 등장한지 20여 년 동안 큰 주목을 받지 못했다가 기술 환경의 변화로 최근 들어 다시 주목받고 있는 상황이다.

해외는 거대 글로벌 IT 기업들이 클라우드 게이밍 서비스 시장 사업에 총력을 기울이고 있으며, 국내는 자체 클라우드 게임 플랫폼을 운영하기 보다는 통신사들이 해외 IT 파트너사와 손잡고 클라우드 게이밍 서비스를 제공하고 있다. 이와 같이 글로벌 클라우드 게이밍 시장은 매년 꾸준한 성장률을 보이고 있으며, 점진적으로 확대될 것이라는 전망이다.

분류	기존 게임 서비스	클라우드 게이밍 서비스
게임기기	• 별도 콘솔, PC	• PC, 스마트폰, 태블릿, TV 등
게임 구매 방법	• 게임을 보유 또는 서비스하는 플랫폼에서 오프라인이나 인터넷으로 구매	• 게임을 보유 또는 서비스하고 있는 플랫폼에서 인터넷으로 구매
게임 설치 및 저장	• 게임 서버와 사용자 기기에 설치 및 저장	• 원격 게임 서버에 설치 및 저장
게임 실행 및 네트워크	• 게임 종류에 따라 인터넷 필요 또는 불필요	• 반드시 인터넷 연결 필요
게임 정보 저장	• 기본적으로 사용자 기기에 저장되고 게임사가 원하는 일부 정보들은 게임 서버로 전송되어 저장	• 원격 게임 서버에 저장
게임 비용	• 콘솔과 일반적인 게임 시스템 조립 비용 및 각 게임 구매비용 추가 발생	• 기기 비용 없음, 일부 서비스는 월 구독 형태

* 출처 : 장인애(2019.8.2.), (한국콘텐츠진흥원, 2019a) 재구성.

먼저, 클라우드 게이밍 서비스란 기기(PC,스마트폰,태블릿,TV 등)와 장소(집,PC방,오락실 등)의 제약 없이 언제 어디서나 게임 이용자가 즐길 수 있도록 게임(콘텐츠)을 제공하는 서비스를 말한다.

따라서 클라우드 게이밍 서비스는 기기에서의 자유로움과 다양한 경험을 제공한다. 서버에 저장된 다양한 게임을 이용자의 디바이스로 실시간 제공하며 데이터센터 서버에서 게임 업데이트가 적용되기 때문에 별도의 업데이트 과정이 없고 데이터 저장도 자유로운 편이다.

또한 인터넷 연결과 영상 및 조작 입출력이 가능한 기기가 있다면 사양과 관계없이게임을 이용할 수 있는 기회가 제공된다. 비싼 콘솔 게임기나 고사양 PC가 없어도 수준 높은 게임 플레이 경험을 제공할 수 있다는 장점이 있다. 일례로, KT의 클라우드 게이밍 서비스인 '5G 스트리밍 게임'은 전부 다운받아서 실행하려면 240GB(기가바이트) 용량이 필요한 50개의 게임을 단 30MB(메가바이트) 용량으로 모두 즐길 수 있다.

34) 클라우드 게이밍 서비스의 등장 배경과 향후 전망/KOCCA 포커스 한국콘텐츠진흥원

이용자 장점	이용자 단점
• 하드웨어(콘솔, PC 등) 업그레이드 없이 높은 사양 게임이용 가능	• 안정적인 인터넷 환경이 제공되어야 함
• 같은 게임을 모든 유형의 장치(콘솔, 스마트폰, PC 등) 및 운영체제(윈도, 안드로이드 등)에서 호환 가능	• 정보가 외부에 저장되기 때문에 잠재적인 개인 정보 침해 위험
• 다운로드 시간을 기다릴 필요가 없이 즉시 게임을 플레이 가능	• 모든 데이터를 스트리밍하기 때문에 방대한 인터넷 데이터 사용되어 데이터 용량 제한 시 이용 문제
• 여러 가지의 게임 플레이 가능으로 다양한 게임 경험 제공	• 압축된 형태의 화면 제공으로 인한 플레이 품질 저하
게임사 장점	**게임사 단점**
• 접근성을 제고시킴으로써 사용자 유입을 증가시키거나 휴면 게임 이용자 복귀 촉진	• 인프라 구축에 막대한 비용이 소모 • 클라우드 게이밍 서비스 플랫폼의 원천 기술 부족
• 플랫폼마다 별도로 게임을 개발할 필요가 없어져서 비용과 시간이 절감	
• 게임에 대한 정보가 원격 서버에 저장되므로 정보 관리와 게임 이용자 분석이 쉬워짐	• 인터넷 환경에서 원격으로 수많은 데이터를 빠르게 처리해야 하는 과제와 트래픽 증가에 대한 해결 필요
• 원격 서버에서 게임이 실행되므로 해킹과 불법 복제의 가능성을 줄일 수 있음	
• 구독기반 서비스(패키지 형태) 제공으로 기업들에는 수익 창출의 기회	• 이용자가 많은 온라인·모바일 게임과의 플레이 기간 및 비즈니스 모델의 차이 극복이 필요

* 출처 : 구현모(2019), (한국콘텐츠진흥원, 2018a) 재구성.

클라우드 게이밍 서비스의 역사를 살펴보면, 2000년대 초반 킬러 콘텐츠에 목말라하던 케이블 TV업체, 스마트 TV업체들이 클라우드 게임에 집중적인 관심을 보이며 주목받게 되었다. 따라서 2000년, G-cluster는 E3이라는 세계적인 전자 엔터테인먼트 엑스포에서 클라우드 기술과 스트리밍 기술을 결합한 클라우드 게이밍 기술을 최초 시연하였다. 그러나 당시 인터넷 속도나 하드웨어로는 대중화할 정도에 미치지 못했다. 독일의 게임사 '크라이텍'도 자사의 고사양 FPS 게임 <크라이시스>를 구동하기 위한 연구를 진행했으나 인프라가 받쳐주지 못해 상용화에 실패하고 만다. 그러다 2019년, 클라우드 게이밍 서비스는 재조명을 받게 된다. 2019년 3월 GDC에서 구글이 '스태디아(Stadia)'를 발표한 이후 주요 게임관련 기업들이 잇따라 클라우드 게이밍 시장 진입 계획을 발표한 것이다.

마이크로소프트는 2019년 6월 E3 게임쇼에서 자체 클라우드 게이밍 서비스인 'xCloud' 시연을 선보였으며, 아마존은 '아마존 프라임' 가입자에게 '트위치 프라임 (Twitch Prime)'을 통해 매월 무료 게임을 제한된 스트리밍 서비스로 제공하고 있다. 한편, 아마존은 2020년 클라우드 게이밍 서비스 제공을 목표로 게임 공급사들과 협의 중이라고 밝혔다. 또한 EA는 구글에 앞서 2018년 클라우드 게이밍 서비스인 '프로젝트 아틀라스(Project Atlas)' 발표하였으며, 엔비디아는 클라우드 게이밍 서비스인 '지포스 나우(GeForce Now)'를 운영 중이다. 버라이즌은 '게이밍 버라이즌(Gaming Verizon)'이라는 클라우드 게이밍 서비스 개발 중이라고 밝혔다.

국내의 경우, 해외 IT 파트너사와 손잡고 클라우드 게이밍 서비스를 시범 운영하고 있다. 현재는 무료로 제공하고 있으며 곧 상용화될 예정이다. LGU+는 엔비디아의 지포스 나우(GeForce Now)의 클라우드 게이밍 서비스를 제공하고 있으며, SKT는 마이크로소프트사와

분류	PS 나우	지포스 나우	구글 스타디아	xCloud	애플 아케이드
업체	소니	엔비디아	구글	마이크로소프트	애플
출시	2014.07.31.	2017.01 (베타서비스)	2019 예정	2019.10	2019.09.
정액요금	월 12,99$	월 7.9$	월 4.99$	월 9.9$ 상회 예상	월4.9$
지원게임수	600개 이상	400개 이상	30여 종 발표	수백 개 Xbox 게임 서비스 예정	100여개 이상
지원기기	PS4,PS3, PS Vita, PC	Shield TV, Shield Portable PC MAC, Window PC	TV, 태블릿, 스마트폰, PC 등	Xbox one, PC, Console, Phone	아이폰, 아이패드, MAC, 애플 TV호환
디바이스 측면 (인터넷 속도)	최소 5Mbps	최소 10Mbps	최소 10Mbps	Unknown	Unknown
디바이스 측면 (퍼포먼스)	720p 해상도	최대 4K해상도	최대 4K 해상도	Unknown	Unknown

* 출처 : 각 사이트, 〈첨단융복합 게임산업 경쟁력 분석 연구〉, (한국콘텐츠진흥원, 2019b).

<주요 클라우드 게이밍 서비스>

손잡고 클라우드 게이밍 기술인 엑스클라우드 (xCloud) 서비스를 제공하고 있다. 또한 KT는 대만 유비투스와 협력하여 독자 플랫폼인 '5G 스트리밍 게임'을 구축하여 서비스를 제공 중이다.

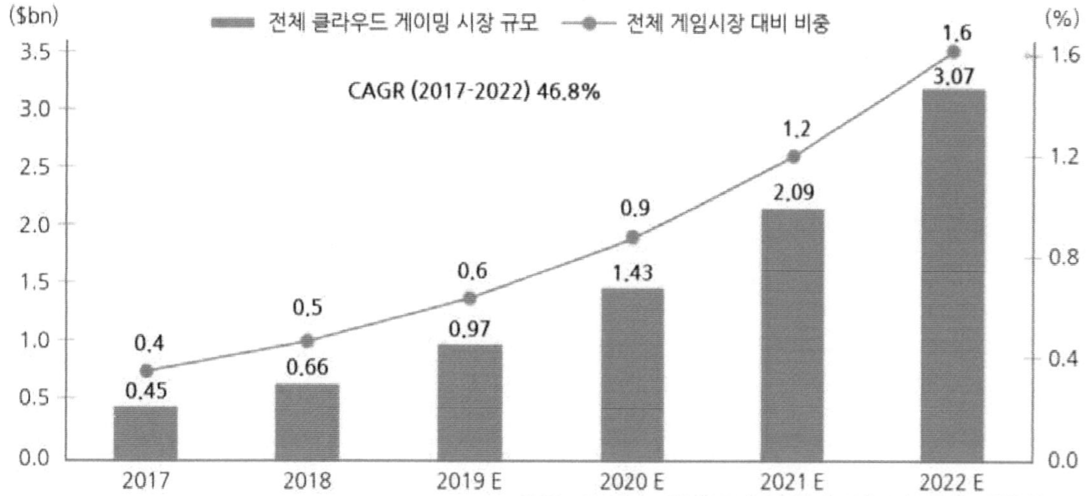

* 출처 : Newzoo(2018, 2019), Statista(2018) 재구성.

<클라우드 게이밍 서비스 시장 추이>

클라우드 게이밍 서비스 시장은 매년 꾸준한 성장률을 보이며 확장되고 있다. 2018년 전체 클라우드 게이밍 시장규모는 6.6억 달러를 기록하였으며(Newzoo, 2018, 2019), 2017년~2022년 연평균 46.8%의 성장세를 나타낼 것으로 전망된다. (Statista, 2018)

콘솔, PC, 모바일 등의 전통적인 게임 시장의 규모와 비교하면 아직도 미미한 수준 에 머물고 있으나 (클라우드 게이밍 시장은 2018년 전체 게임시장의 0.5%를 차지) 점진적으로 확대될 것이라는 전망이다.

IHS Markit(2019)은 클라우드 게이밍 시장이 2018년 3억8천700만 달러였으나 4년 후인 2023년에는 25억 달러로 6배 이상 커질 것으로 예상했다.

또한 Technavio(2018)은 전세계 클라우드 게임 시장 규모는 2020년까지 26억달러로 성장할 것으로 전망했다.

앞서 살펴보았듯이, 클라우드 게임은 전 세계적으로 게임 분야의 범위를 확장시킬 것으로 보인다. 업계 전문가는 아직 클라우드 게임이 콘솔 게임과 PC 게임을 대체할 가능성은 적으나, 클라우드 게임만의 혁신을 불러일으킬 것이라 전망한다. 기존의 게임 방식이 아닌 완전히 다른 새로운 형식의 클라우드 게임은 게임내 또 다른 스펙트럼을 만들 것이라는 예측이다. 또한 클라우드 솔루션은 게임 모델 범위를 확장하고 기존 게임 분야에 대한 더 많은 접근성을 제공함으로써 빠른 게임 시장 성장을 더욱 촉진시킬 것이라 예상되고 있다.[35]

'게임계의 넷플릭스'로 불리는 클라우드 게임은 현재 이동통신 3사가 주도하고 있으며 SK텔레콤과 LG유플러스는 해외 IT기업과 손잡고 각각 게임패스와 지포스 나우 서비스를 제공하고 있으며 KT는 자체 클라우드 게임 플랫폼을 운영 중이다.

최근에는 매월 일정 구독료를 지불하면 서버에 저장된 게임을 무제한으로 즐길 수 있는 서비스로 이용자는 PC나 모바일 등 게임 단말기에서 클라우드 서버에 접속하기만 하면 고사양 게임을 별도 다운로드 없이 바로 스트리밍 할 수 있다.

이용자 입장에선 게임을 하기 위해 고성능 PC나 닌텐도스위치·엑스박스(Xbox)·플레이스테이션(PS) 등 비싼 하드웨어를 구입하지 않아도 된다는 게 최대 장점으로 부각됐다. 이를테면 닌텐도스위치 없이도 모바일에서 '모여라 동물의숲' 등의 게임을 고품질 그래픽으로 즐길 수 있는 것이다.

업계 관계자는 "이용자가 가진 기기의 한계를 넘어서는 고사양 게임이 앞으로도 계속 출시될 것이고 이것이 클라우드 게임에 대한 수요가 증가할 수밖에 없는 이유"라고 말하며 클라우드 게이밍 서비스의 전망을 밝게 보았다.

---

35) https://www.ironsrc.com/ko/blog/mobile-gaming-industry-trends-in-2020/
2020년 모바일 게임 동향 및 전망/ironSource

3) 모바일 게임

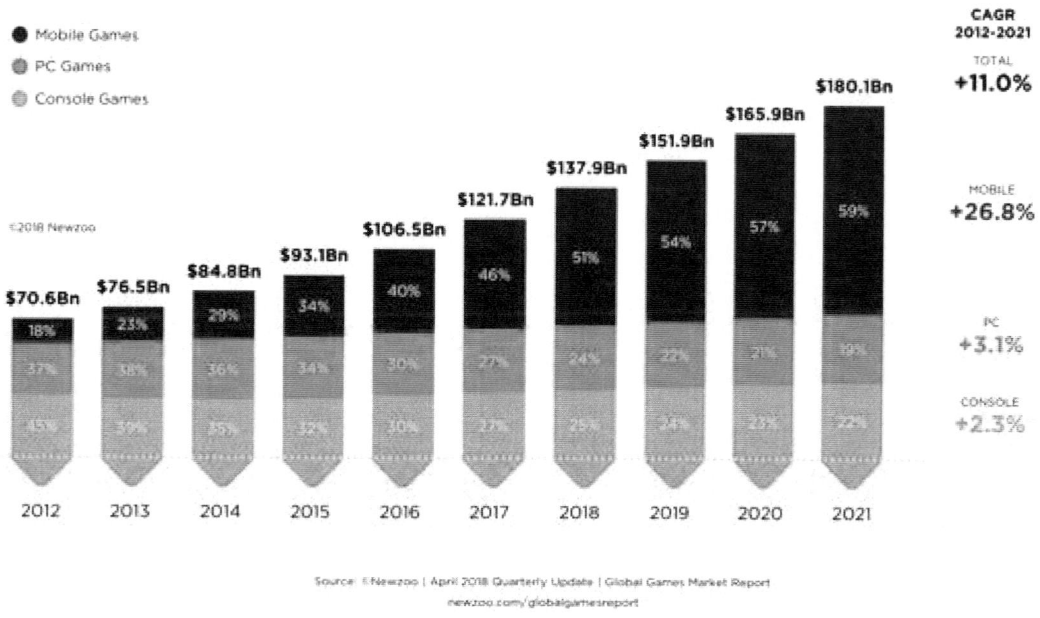

<2012-2021 전 세계 게임 시장 플랫폼별 성장률>[36]

2019년 전 세계 모바일 게임 시장 총 매출은 685억 달러로 증가했다. 현재 모바일 앱 유저의 약 50%가 게임을 하며, 인기도 면에서는 상위 인기 차트인 Spotify, Apple Music과 같은 음악 앱 카테코리와 버금가도록 인기가 높다. 이용 시간 면에서는 1위 카테고리인 소셜 미디어 및 메신저 앱 다음인 2위를 차지하고 있다.

시장조사업체 뉴주는 모바일게임 시장 규모의 연평균 성장률이 2022년까지 11.1%를 기록할 것으로 보고, 올해는 767억 달러(91조7,000억원), 2021년에는 854억 달러(102조1,000억원), 2022년에는 954억 달러(115조원) 규모로 성장할 것으로 분석했다.

또 다른 시장조사기관 스태티스타(Statista)는 지난해 전 세계 모바일게임 이용자 규모가 13억6,900만명이었으며, 올해는 14억8,100만명, 2021년 15억8,000만명, 2022년 16억5,000만명, 2023년에는 17억여명에 달할 것으로 전망했다.

국가별로는 2024년까지 중국은 5억4,010만명, 미국과 영국은 각각 14억6,600만명, 2,050만명에 달하는 등 모바일 게임 이용 인구가 전 세계적으로 크게 증가할 것으로 내다봤다. 다만 국내의 경우 2020년 2,050만 명이 모바일 게임을 이용하고, 2022년 2,100만 명으로 늘어난 다음 더 이상 늘어나지 않을 것으로 전망됐다.[37]

---

36) 2012-2021 Global Games Market /시장조사업체 newzoo
37) "내년 글로벌 모바일 게임 시장 100조원 돌파 예상"/서울경제

향후 모바일 게임 매출은 꾸준히 성장하여 PC의 성장률을 넘어설 것으로 보인다. 2022년에는 PC시장 점유율이 20% 이내로 떨어질 것이라 전망되고 있다. 또한, 모바일 게임 매출은 콘솔의 점유율도 넘어설 것이라 전망하고 있다. Newzoo의 조사 결과에 따르면, 2020년 시장 매출 중 PC게임 23%, 콘솔게임 31%, 모바일과 태블릿이 46%를 차지할 것으로 예측하고 있다. 2022년까지 모바일과 태블릿 게임분야는 계속해서 성장하여 전체 게임 시장의 50%에 다다를 것으로 전망된다.[38)]

38) https://www.ironsrc.com/ko/blog/mobile-gaming-industry-trends-in-2020/
2020년 모바일 게임 동향 및 전망/ironSource

다. 세계 주요 게임기업

1) Tencent

Tencent 腾讯

코로나 19사태로 중국의 모바일 게임 이용률이 증가하면서 중국 게임 기업들이 여전한 수혜를 얻고 있다. 외신의 집계에 따르면 중국 모바일 게임 상위 30개 업체의 2020년 5월 게임 콘텐츠 판매액은 2019년 동기 대비 29% 늘어났으며, 전 세계적으로 가장 많이 팔린 온라인 게임 콘텐츠 10개 가운데 4개가 중국 기업들이 만든 콘텐츠였다.

세계 10대 모바일 게임 콘텐츠에는 텐센트의 '배틀그라운드 모바일'과 '아너 오브 킹즈' 이외에 알리바바 그룹 자회사 알리게임즈의 '쓰리 킹덤즈 스트러티직'(Three Kingdoms Strategic·삼국지 전략판)과 릴리스게임즈의 '라이즈 오브 킹덤즈'(Rise of Kingdoms)가 포함됐다.

그중에서도 중국에서 가장 많이 팔린 모바일 게임 콘텐츠는 텐센트(Tencent)가 만든 '배틀그라운드 모바일'(PlayerUnknown's Battlegrounds Mobile)였다. 배틀그라운드 모바일이 세계 각국으로부터 벌어들인 판매액은 총 2억2천600만달러로, 2019년 같은 달에 비해 41% 증가했다. 또한 배틀그라운드 모바일은 2019년 9월 이후 9개월 연속으로 텐센트의 모바일 게임 가운데 매출액이 가장 높았다.

또한 외신은 텐센트의 또 다른 인기 모바일 게임 콘텐츠인 '아너 오브 킹즈'(Honour of Kings)의 5월 판매액은 2억450만달러로, 2019년 동기 대비 42% 급증했다고 밝혔다.[39]
텐센트는 2020년 4분기 실적보고서에서 순익이 전년 동기 대비 170% 이상 급증한 593억200만 위안을 기록했다고 밝혔으며 이로써 지난해 전체 텐센트 매출은 4820억6400만 위안으로 전년 대비 27.8% 증가한 것으로 집계됐다. 같은 기간 순익도 1598억4700만 위안으로 71.3% 증가했다.

39) 中 모바일게임 '코로나특수'…텐센트 대표상품 판매액 41% 증가/연합뉴스

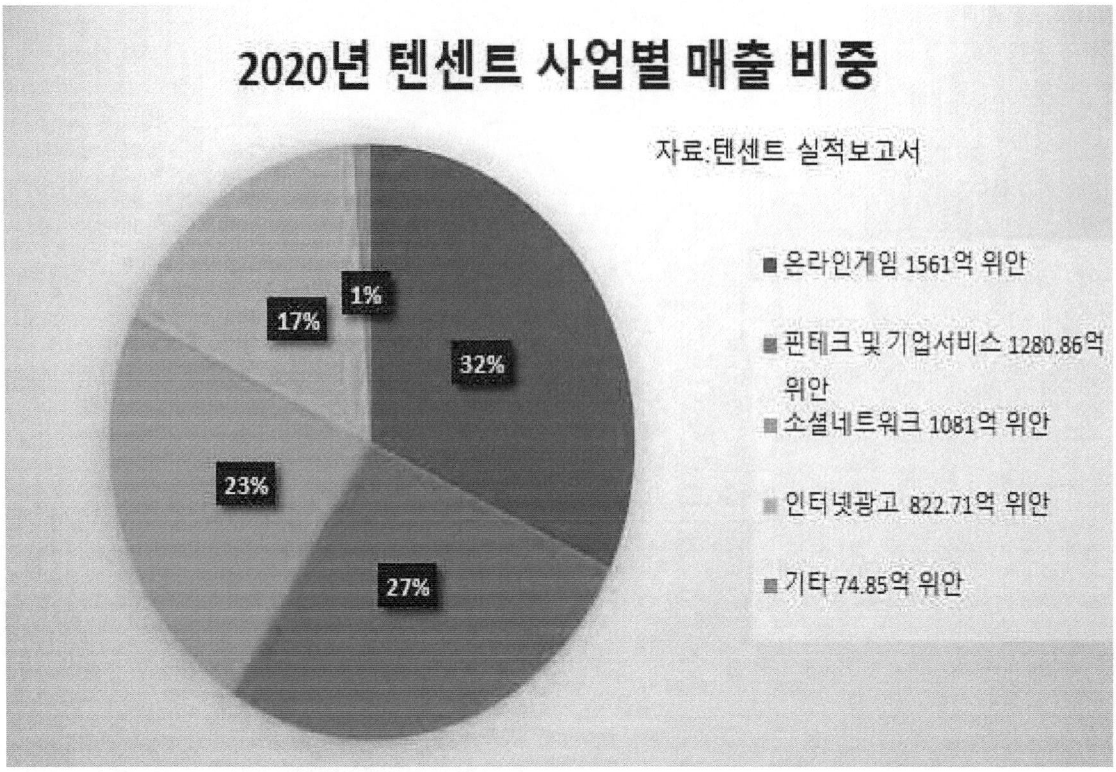

2) SONY

SONY®

소니가 지난해 순이익이 창립 이후 처음으로 1조엔(약 11조원)을 넘길 것으로 보인다. 2020년 말 출시한 콘솔게임기 플레이스테이션5가 연일 흥행을 이어가고 있고, 소니가 배급한 애니메이션 '귀멸의 칼날'이 일본 영화 흥행 1위에 오르는 등 게임·콘텐츠 사업이 호조를 보인 덕분이다.

소니는 2020년 한 해 영업이익이 1년 전보다11% 늘어난 9400억 엔이 될 것이라고 발표했다. 기존 전망치보다 2조원 더 높인 것이다. 이번 실적을 보면 소니가 이제는 전자업체가 아닌 엔터·콘텐츠 기업으로 변화 한 것을 알 수 있다. 지난해 시장에 나온 플레이스테이션5는 현재까지 글로벌 시장에서 물건을 구하기 어려울 정도로 인기가 높고, 음악 스트리밍 서비스도 실적이 꾸준히 증가하고 있다.

소니의 게임·콘텐츠 분야는 히트작 여부에 따라 실적이 들쭉날쭉했지만 최근엔 플레이스테이션의 온라인 정기 구독 서비스, 음악 산업에서 성과를 내며 주력 사업으로 성장했다. 블룸버그통신에 따르면 소니는 지난 2000년 회사 전체 매출에서 전자사업 비중이 70%, 음악·영상 16%, 게임 9% 였지만, 2020년엔 전자 22%, 음악 19%, 게임 31%로 사실상 역전된 것으로 나타났다.

하지만 플레이스테이션은 출시 첫 1년 동안 목표인 760만 대 이상 생산을 무난히 달성할 것으로 보이지만 향후 생산 전망이 불투명한 것으로 보인다.

3) Microsoft

Microsoft는 게임시장에서 꾸준한 성장세를 이어왔다. 2001년 미국에서 콘솔게임으로 처음으로 출시된 Xbox는 Microsoft의 대표적인 게임브랜드이다. Microsoft는 Xbox 앱 개발을 통해서 콘솔게임을 넘어 윈도우에서도 즐길 수 있도록 함으로써 큰 성공을 거두었다고 할 수 있다. 실제로 미국시장에서 콘솔 게임을 즐기는 상당수의 고객들은 PC 게임까지 이용하는 것으로 나타났다. 40)

최근에는 마이크로소프트가 향후 콘솔 게임 경쟁 보다 클라우드 게임의 비중을 높일 것으로 예상되었다. 마이크로소프트는 올해 6월 온라인을 통해 향후 글로벌 게임 시장을 이끌 계획을 발표하며 클라우드 컴퓨팅의 리더십, 게임패스로 구독가치 구축, 크리에이터 역량 강화라는 3가지 차별성을 강조했다.

마이크로소프트는 현재 엑스박스의 게임을 스마트 TV에 내장하기 위해 글로벌 스마트 TV 제조사와 협력하고 있고 이를 통해 별도의 하드웨어 없이 엑스박스 게임패스의 게임을 즐길 수 있도록 준비하고 있다. 게임패스는 넷플릭스처럼 구독서비스를 통해 수많은 콘텐츠를 즐길 수 있는데 2021년 4월 기준 300만 명의 구독자를 확보한 상태이며 올 하반기에는 더 많은 지역으로 서비스를 확대할 예정이다.

마이크로소프트가 개발중인 클라우드게임 전용기기는 사용자들이 별도의 콘솔 게임기가 필요없이 TV나 모니터에 연결하고 엑스박스 게임패스를 통해 다양한 게임을 즐길 수 있도록 지원

40) Cross-screen gaming: Why Microsoft is making the right move, Newzoo, 2015.02.04.

할 예정이다. 이렇게 미이크로소프트의 게임사업 전략은 소니나 닌텐도처럼 콘솔 하드웨어의 판매 보다 구독형 게임 서비스에 초점이 맞춰진 것으로 보인다. 엑스박스 콘솔 뿐 아니라 PC 나 TV. 스마트폰 등을 통해 어디서나 자유롭게 원하는 게임을 즐길 수 있는 게임패스와 클라우드 게임인 것이다.

4) Apple

애플이 새로운 게임 서비스 '애플 아케이드(Apple Arcade)'를 선보였다. 애플은 미국에서 자사의 새로운 게임 서비스 '애플 아케이드'를 새롭게 공개하면서 '애플 아케이드'가 모든 유저에게 독창성, 창의성, 재미 등을 제공할 것이라며 게임을 추천한다고 밝혔다. 또한, 애플 아케이드는 광고와 추가 구매 유도가 없어 온전히 유저가 게임을 즐길 수 있다.

'애플 아케이드'는 '넷플릭스'와 사용법이 유사하다. 가입자는 유료 게임을 제한없이 플레이할 수 있다. 게임이 지원한다면 아이폰, 아이패드, 맥, 애플TV 등 플랫폼에 제한 없이 게임을 이어갈 수 있다. 새로운 유료 게임이 나오더라도 '애플 아케이드' 유저는 추가 구매 없이 즐길 수 있다.

또한 애플은 '애플 아케이드'를 통해 개발자를 지원하는 정책도 소개했다. 애플은 "실제로 게임을 개발하는 데 드는 비용을 지원하겠다"라 밝혔다. 그리고 개발자를 위한 '애플 아케이드' 홈페이지를 통해 관련 사항을 안내한다.[41]

한편, 애플이 독자 브랜드의 게임 컨트롤러를 개발 중이라는 소식이 전해졌다. 독자적인 게임 컨트롤러를 개발한다면 무선으로 애플 제품을 조작할 수 있게 되는데, 특히 퍼스트 파티의 액세서리를 좋아하는 유저라면 매우 기대되는 액세서리가 될 가능성이 높다.

이에 따라 애플은 게임과의 호환성을 높이기 위해 자체 컨트롤러를 개발하고 있는 것으로 예상된다. 출시 시기는 2021년 이후가 될 가능성이 높다.

41) Apple, 광고 없이 모든 게임 즐기는 '애플 아케이드' 공개/INVEN

한편, 애플이 게이밍 맥(Mac)도 개발 중이라는 소문도 언급되면서 iOS 13에서 애플은 플레이스테이션이나 엑스박스 컨트롤러 지원 내용을 추가했다고 전해졌다. 애플은 2019년 9월 월정액 게임 서비스 애플 아케이드(Apple Arcade)를 런칭하고 그 후에도 애플 TV 그래픽을 대폭 향상시키는 등 해당 서비스 개발에 힘을 쏟고 있다. 이번 발표된 독자적인 컨트롤러의 개발도 그 일환이 될 가능성이 높다.[42]

5) Activision Blizzard

액티비전블리자드(블리자드)는 콜오브듀티·스타크래프트·워크래프트 등 전 세계적으로 인기 있는 지식재산(IP)을 다수 보유한 글로벌 대표 게임사로 알려져 있다.

지난 2008년 콘솔게임을 개발하는 액티비전과 PC 온라인게임을 개발하는 블리자드의 합병을 통해 액티비전블리자드가 탄생했으며, 2016년에는 캔디크러시사가로 유명한 킹을 인수하며 모바일게임 부문까지 포트폴리오를 확장했다.

블리자드는 디아블로, 워크래프트 등의 IP(지식재산권)를 출시한지 20년 이상이 되었다. 따라서 전 세계적으로 많은 팬을 보유하고 있으며 IP에 가장 중요한 탄탄한 스토리와 넓은 세계관을 보유하고 있다. 이에 따라 블리자드의 게임들이 모바일게임으로 제작될 경우, 시장에서 성공적인 결과를 기록할 가능성이 높다.

그러나 지난해 블리자드는 2014년 이후 처음으로 매출액이 감소했다. 모바일게임 매출이 전년 대비 1.3% 증가한 것을 제외하면 콘솔과 PC가 각각 24.3%, 21.2% 감소하며 부진한 모습을 보였다. 따라서 블리자드에 서서히 체질 개선이 필요해지는 시기가 다가왔다고 판단한다.

42) 애플, 자체 게임 컨트롤러 출시하나?…게임 분야 진출 및 호환성 강화/B베타뉴스

특히 블리자드가 보유한 다양한 IP를 최대한 활용하는 것이 중요할 것이다. 디아블로4, 현재 넷이즈와 함께 개발 중인 디아블로 이모탈뿐 아니라 오버워치2 등의 신작 출시 일정에 주의를 기울일 필요가 있다.

따라서 모바일게임으로 발을 옮긴 블리자드의 행보가 더욱 기대되고 있다. 특히 모바일게임에서 IP의 중요성은 여전히 절대적이기 때문이다. 블리자드가 보유하고 있는 IP의 가치는 시간이 지날수록 점점 커질 수밖에 없다. 단기적으로는 신작 출시 시기가 주가 움직임에 더 큰 영향을 미치겠으나 장기적으로는 이러한 게임 산업에서의 경쟁우위가 주가에 반영될 것이라고 전망한다.[43)]

2020년 11월에 열릴 것으로 기대됐던 2020 블리즈컨은 코로나 19 팬데믹으로 인해 취소되었고 2021년 블리즈컨은 100% 온라인으로 진행되었다. 글로벌 게임 산업의 유례없는 호황은 코로나 19 의 유행이 시작된 즉시 소비자들의 반응으로 나타났고 그 결과 블리자드 엔터테인먼트의 모회사인 액티비전 블리자드, 텐센트 등 게임 퍼블리셔들은 1 분기부터 높은 수입을 기록했으며 이 경향은 2 분기로 이어졌다.

액티비전 블리자드는 2020년 5월 1분기 수익으로 17억 9천만 달러를 발표했는데 흥미로운 점은 액티비전 블리자드의 1분기 수익 동력 중 하나는 <콜 오브 듀티: 모바일>(Call of Duty: Moblie)이고 이는 팬데믹으로 인해(Pandemic-driven) 늘어난 게임 산업의 소비자들이 모바일 영역에 집중됨을 보여준다.

<콜 오브 듀티 모바일> 외에 블리자드의 1분기 수익을 상승시킨 게임으로는 <콜 오브 듀티: 워존>(Call of Duty: Warzone)과 <콜 오브 듀티: 모던 워페어>(Call of Duty: Modern Warfare)가 있는데 세 개 타이틀 모두 블리자드가 아닌 액티비전 타이틀이라는 점이 흥미롭다. 이는 PC 게임보다는 콘솔 게임과 모바일 게임이 팬데믹 상황에서도 게임 산업에서 우위를 선점했음을 방증한다. 2분기 수익 역시 전년 동기 대비 38% 증가한 19 억 3 천만 달러를 기록하였다.

6) NetEase

43) [글로벌 HOT 스톡]'IP 부자' 액티비전블리자드, 모바일게임 영역 확장/서울경제

넷이즈(网易, Wǎngyì)는 중국의 대형 포털 사이트 163.com을 운영하고 있는 거대 기업이다. 중국 국내 위주로 사업을 전개하고 있으며, 온라인 게임을 자체 개발하고 해외에 온라인 게임을 퍼블리싱하기도 한다. 최근에는 스타크래프트 2나 하스스톤 같은 블리자드 게임을 퍼블리싱하고 있다.[44]

한편, 넷이즈는 최근 신작을 소개하는 넷이즈 커넥트 2021을 개최하였고 이 행사에서 향후 글로벌 서비스가 될 주요 게임 라인업에 대한 정보들을 공개했다. 글로벌 시장 공략에 나선 만큼 이목을 끌만한 굵직한 신작들이 다수 발표되었는데 이중에는 IP를 활용한 작품부터 유명 개발사와의 합작품까지 무려 10종에 달했다.

멀티플랫폼 SLG인 '인피니트 라그랑쥬'는 우주를 무대로 세력을 키우고 함대를 설립하는 재미를 그렸으며 2021년 글로벌 서비스를 목표로 했다. 해외 유명 게임사와 합작한 '프로스트펑크: 라이즈 오브 시티'와 '레이싱 마스터' 또한 선보였고 두 게임은 2021년 테스트를 할 예정이다.

이처럼 넷이즈는 다양한 장르의 신작과 기존 서비스 중인 작품들을 통하여 계속해서 글로벌 시장 영향력을 높여나갈 방침이다.

7) Google

Google

구글이 클라우드 기반의 게임 서비스 '스타디아'(Stadia)의 서비스 개선에 주력을 다하고 있다. 구글의 스타디아는 2019년 11월에 선보인 서비스로, 게임 콘솔 서비스와 비슷한 형태인데, 직접 설치하는 형태가 아니라 클라우드 서버에 게임을 두고 스타디아 앱을 이용해 접속하고 플레이한다는 점에서 차이가 있다.

구글은 이와 같은 스타디아 앱의 접근성을 높이기 위해 우선, 프리미어 에디션 서비스 가격을 99.99달러로 낮춰 비용 부담을 줄였다. 프리미어 에디션은 TV에서 스타디아 서비스를 이용할 수 있도록 해주는 컨트롤러와 크롬캐스트 울트라 등을 포함하는 패키지를 제공한다.

---

44) 넷이즈/나무위키

또한 스타디아 프로 이용자의 경우 일부 게임을 무료나 할인가로 구매할 수 있다. 어쌔신크리드 오디세이는 60달러, 저스트댄스2020은 25달러 등에 구입할 수 있다.

한편, 외신은 스타디아 앱을 내려받아 설치한 이용자가 수백만명에 이른다며, 빠른 인터넷만 있으면 이용할 수 있고 안드로이드는 물론 iOS에서도 이용 가능한 점도 점차 저변을 늘려가는 역할을 할 것이라고 전했다.45)

8) EA

일렉트로닉 아츠(영어: Electronic Arts, EA)는 1982년에 설립된 세계적 규모의 게임 개발 및 유통업체이다. 본사는 미국 캘리포니아주 레드우드 시티에 있다. 일렉트로닉 아츠는 게임의 장르에 따라 크게 3가지의 브랜드 EA 게임즈(EA Games), EA 스포츠(EA Sports), EA 비드(EA Bid)로 나누어 유통하고 있다. 자회사로는 심즈 시리즈와 심시티 시리즈로 유명한 맥시스, 배틀필드 시리즈로 유명한 디지털 일루전(Digital Illusions), 번 아웃(Burn Out) 시리즈로 유명한 크리테리온(Criterion) 등이 있다.46)

일렉트로닉아츠(Electronic Arts)가 자사의 모바일게임 'EA SPORTS FIFA Mobile(피파 모바일)'에 'FIFA World Cup' 프로그램을 추가하는 업데이트를 진행했다. 이번 업데이트를 통해 이용자들은 '2018 FIFA World Cup'에 진출한 32개 국가 중 하나를 선택하여 나만의 국가대표팀을 꾸려 경기를 진행할 수 있으며, 기존과 동일한 방식으로 선수를 훈련시키고 성장시키면서 최강의 팀을 꾸려 나갈 수 있다. 또한 '2018 FIFA World Cup'이 끝난 이후에도 경기 결과를 다시 되짚어보며, 혹은 나만의 우승국을 만드는 즐거움도 함께 느껴볼 수 있다. '피파 모바일'은 구글 플레이와 애플 앱스토어에서 내려 받을 수 있다.47)

---

45) 구글, 게임 서비스 '스타디아' 문턱 낮추기/Bloter
46) 일렉트로닉 아츠/위키백과
47) 일렉트로닉아츠 'EA SPORTS FIFA 모바일', '피파월드컵' 업데이트 진행/Game Focus

한편, 일렉트로닉 아츠(Electronic Arts)는 자사가 개발하고 서비스할 예정인 모바일 시뮬레이션 게임 'The Sims 심즈 모바일(이하 심즈 모바일)'의 사전예약을 구글 플레이를 통해 실시한다고 밝혔다.

'심즈 모바일'은 게임 속 캐릭터인 '심'을 키우면서 집을 포함한 모든 일상생활을 다양한 콘텐츠로 꾸미면서 즐길 수 있는 게임이다. 플레이어는 게임 속 캐릭터인 '심'을 통해 나만의 고유한 캐릭터를 가질 수 있다. '심'의 패션과 헤어스타일, 메이크업, 액세서리 등을 직접 선택하고 꾸미는 등 나만의 개성 있는 캐릭터로 표현하는 재미를 만끽할 수 있으며 각각의 심마다 개성 있는 성격을 선택하고 심의 인생 경험치에 따라 개성을 더해갈 수 있다.

안드로이드 사용자라면 구글 플레이 스토어를 통해 누구나 '심즈 모바일'의 사전예약에 참여할 수 있고, '심즈 모바일'은 정식 출시 후 구글 플레이와 애플 앱스토어에서 확인할 수 있으며, 구글 플레이 사전예약에 참여한 사용자는 메시지를 통해 정식 출시 소식을 받아볼 수 있다.[48]

일렉트로닉아츠(EA)가 신작 FPS 게임 배틀필드2042를 오는 10월 22일 출시한다는 소식이다. EA는 공개한 '배틀필드2042' 는 가까운 미래를 배경으로 상상력이 더해진 최첨단 장비를 활용하는 모습이 담겨있으며 대규모 전투과 실시간으로 변화하는 전장 묘사도 확인할 수 있다.

공개된 게임 모드는 올아웃 워페어, 컨퀘스트, 브레이크스루 등 3종인데 이 중 컨퀘스트 모드는 최대 128명이 동시 접속해 게임을 즐기는 모드다. 게임에서 만나볼 수 있는 7개의 맵도 공개됐다. 이 중에는 인천 송도를 배경으로 하는 카레이도스코프 맵도 포함된다.

한편 EA는 배틀필드 출시 후 시즌제로 게임을 운영한다는 방침이다. 한 시즌은 3개월간 진행되며 매 시즌 새로운 콘텐츠와 배틀 패스가 적용된다. 출시 첫 해에는 4개의 배틀 패스와 신규 직업군이 추가될 예정이다.

---

48) 일렉트로닉 아츠 '심즈 모바일' 구글플레이 사전예약 실시/Game Focus

이외에도 오는 8월 출시 될 또 다른 신작 'Madden NFL 22' 는 차세대 콘솔의 힘을 활용하여 모든 모드에서 게임 플레이에 영향을 주는 새로운 다이내믹 게임데이를 통해 NFL의 날 것의 에너지, 감정, 그리고 예측 불가능성을 제공할 예정이다. 프랜차이즈에서 주간 게임플랜을 설치하든 Play Now에서 일대일 매치를 진행하든 Madden NFL 22의 게임은 각 매치업과 각 경기장에서 더 깊은 수준의 전략과 스토리텔링을 제공해 신선함을 느낄 수 있도록 한다.

9) Nintendo

닌텐도 주식회사는 일본의 교토에 본사를 둔 가전제품·비디오 게임 회사이다. 닌텐도는 마리오 시리즈, 젤다의 전설, 포켓몬스터와 같은 널리 알려진 프랜차이즈 게임을 생산했고, 전 세계에서 시가 총액이 가장 큰 비디오 게임 회사 중 하나이다.

1960년대 들어서는 일본의 완구 회사인 울트라핸드와 협력하여 완구 사업에 총력을 기울이기 시작했고 그 외의 다른 사업에서 손을 떼게 되었다. 1970년대부터는 비디오 게임 회사로 변모하였고, 지금까지 이어져 오고 있다. 닌텐도의 회사 가치는 850억 달러로, 비디오 게임 산업에서 가장 영향력이 큰 회사이자 일본 내에서 3번째로 가치가 높은 회사이다.[49]

49) 닌텐도/위키백과

닌텐도는 휴대용 게임기 닌텐도 스위치의 새 버전을 오는 2019년 출시할 예정이라고 밝혔다. 신제품은 고화질의 디스플레이로 개선될 예정이며 더 밝고 선명하고 얇아서 에너지 효율면에서 유리하다. 닌텐도 스위치는 지난 2017년 3월, 해외에서 출시된 이후 2018년 상반기까지 약 1970만대가 팔려 소니의 PS4와 판매 경쟁을 할 만큼 큰 인기를 끌었다.

닌텐도 스위치는 기본 휴대용 모드로 즐길 수 있으며, 거치형 독을 이용해 TV와 연결하는 콘솔 게임기처럼 이용 가능하다. 본체 양옆의 '조이콘'을 이용해 양손을 이용한 게임이 가능하며 동료들과 함께 게임을 즐길 수 있다.[50)]

한편, 코로나19 사태로 닌텐도의 '동물의 숲 시리즈'는 2020년도 1분기 전 세계적 품귀현상을 빚었다.

동물의 숲 시리즈는 닌텐도의 콘솔게임기인 닌텐도 스위치용 게임이다. 이 게임은 목표와 엔딩이 없는 것이 특징으로, 무인도에서 집을 꾸미고, 숲의 동물들과 대화하고, 낚시를 하면서 마음대로 섬을 꾸미는 내용이다. 특별한 게 아무것도 없는 이 게임은 코로나 사태에 큰 인기를 끌었다. 업계 전문가들은 이와 같은 현상에 대해 많은 사람들이 코로나19로 인하여 우울하던 시기에 긴장감 없이 즐길 수 있는 힐링형 게임, '동물의 숲'으로 기분을 전환하는 것 같다고 설명했다.

국내 유통사 '대원미디어' 기업설명회(IR) 자료에 따르면, 올 1분기 닌텐도 스위치 판매량은 8만2848대로 1년 전보다 30.4% 증가했다. 같은 기간 '모여봐요 동물의 숲' 게임 타이틀은 28만7590개가 팔리며 작년 같은 기간보다 57.4% 폭증했다.

한편, 닌텐도 스위치는 지난 2월부터 중국 현지 생산 공장이 코로나 바이러스로 가동을 중단하며 품귀현상을 빚었다. 닌텐도 스위치의 증설 소식은 로이터 등 외신도 비중있게 다룰 정도였다. 지금까지 대원미디어를 통해 팔린 닌텐도 스위치는 50만5718대다. 모여봐요 동물의 숲 게임 타이틀은 144만4392개가 팔렸다. 게임업계에서는 이와 같은 동물의숲 게임과 닌텐도 스위치의 인기가 당분간 지속될 것으로 보고 있다.[51)]

---

50) 닌텐도 스위치 새 버전 출시 예정, 제2의 부흥기 이끌까/민중의 소리

2020년부터 이어지고 있는 모여봐요 동물의 숲의 인기와 더불어 최근 개최된 글로벌 게임 행사 'E3 2021'에서 닌텐도 대표작 '젤다의 전설: 야생의 숨결'의 후속작이 출시된다는 사실이 알려졌는데, 이를 플레이하고 싶어 하는 유저들이 많아 닌텐도 스위치가 다시 한 번 품절 대란을 겪을 가능성이 높아졌다.

더불어 휴대성 높은 기기에 대한 수요가 높아진 점도 닌텐도의 입지를 넓혔다는 분석도 나온다. 최근 이동하면서 플레이할 수 있는 캐쥬얼한 모바일 게임들이 큰 인기를 끌고 있는데, 닌텐도 스위치를 통해 이동 중에도 콘솔게임을 즐길 수 있다는 사실이 알려지며 해당 기기가 각광받고 있다는 것이다. 업계에서는 닌텐도 스위치의 보급률이 갈수록 높아질 것으로 예상하고 있다.

10) Bandai Namco

주식회사 반다이 남코 엔터테인먼트는 아케이드 게임이나 비디오 게임 등, 게임 소프트의 제작 및 개발을 하는 일본의 기업이다. 구 남코를 모체로 2006년 3월 31일에 어뮤즈먼트 시설 사업을 새롭게 설립한 남코에 양도하여, 주식회사 반다이의 게임 부문을 통합, 지금의 회사명으로 변경하였다. 반다이 남코 홀딩스의 자회사이며, 반다이 남코 그룹의 중요한 조직 중 하나이다. 본사는 도쿄도 시나가와 구에 있다.[52]

한편, 반다이남코 엔터테인먼트 코리아는 모바일 액션 배틀 게임 '건담 슈프림 배틀'을 구글 플레이와 애플 앱스토어에 정식 출시했다고 밝혔다.

'건담 슈프림 배틀'은 원작을 기반으로 재현된 스토리 모드와 유명 성우진은 물론 수준 높은 3D 그래픽 모델링으로 구현한 실시간 대전 콘텐츠를 내세웠다. 특히 완성도 높은 그래픽으로 각 전투 장면과 건담 기체, 타격 효과 등을 구현해 몰입도 높은 승부를 펼칠 수 있다.

이용자는 에이스 파일럿이 되는 것을 목표로 자신이 선호하는 건담 기체를 직접 조작하고, 다양한 기체와 파일럿을 수집하며 다른 유저들과 경기 모드를 즐길 수 있다.[53]

51) 진짜 많이 샀다..닌텐도 '동물의숲' 국내 판매 30% 증가/Chosun.com 경제
52) 반다이남코/위키백과

라. 세계적 게임 이슈

1) 코로나19로 게임산업 수혜

2020년 3월 코로나19로 가정 내 미디어 소비 증가 (단위: %)

	전세계	이탈리아	스페인	프랑스	독일	영국	미국	중국	일본
뉴스	67	67	63	50	60	50	43	77	56
스트리밍 비디오	51	53	58	31	21	32	42	63	21
TV	45	55	43	53	35	32	42	46	51
메시징	45	60	61	24	22	24	17	59	8
소셜미디어	44	52	49	27	21	21	32	50	23
게임	36	41	48	39	21	20	29	29	32
책/오디오북	35	36	42	24	19	19	25	44	18
스트리밍 음악	35	25	27	14	13	14	18	49	11
라디오	18	29	32	23	24	17	16	16	9
잡지	16	23	22	14	17	15	12	14	16
신문	14	18	14	14	10	9	12	17	7
UCC	14	10	15	7	5	6	6	17	5
팟캐스트	12	8	10	6	6	11	10	13	4

출처: GlobalWebIndex(2020.05)

코로나19는 세계보건기구(WHO)가 '팬데믹'[54]선언을 할 정도로 전 세계적으로 큰 영향력을 주고 있다. 이에 따라 게임산업에도 직접적인 영향력이 미치고 있다. 전 세계적으로 집안에 강제적으로 머무르는 시간이 많아지면서 의도치 않게 게임산업이 수혜를 받게 된 것이다. GlobalWebIndex는 코로나19로 인한 가정내 미디어 소비에 대해 조사를 했다. 그 결과 생명과 직결될 수도 있는 정보를 제공하는 '뉴스'에 대한 소비가 늘었다는 응답이 67%로 가장 높았으며, 그 다음은 넷플릭스 같은 스트리밍 비디오 서비스, TV, 메시징 서비스, 소셜 미디어가 뒤를 이었다.

53) 반다이남코, 3D 액션게임 '건담 슈프림 배틀' 양대 마켓 출격/한국경제

54) 세계보건기구(WHO)는 감염병의 위험 수준에 따라 1~6단계의 경보를 설정하는데, 가장 높은 6단계가 팬데믹(Pandemic), 즉 세계적 대유행 단계이다. WHO는 3월 11일 코로나19의 팬데믹을 선언했다.

게임은 스트리밍 음악서비스, 책 및 오디오북과 비슷하게 소비가 늘었는데, 전세계 평균 36%가 이전보다 게임을 더 많이 이용한다고 응답했다. 특히 이탈리아, 스페인, 프랑스 등 서유럽 국가들에서 게임 이용이 이전보다 증가했다는 응답률이 더 높게 나타났다.[55)]

이에 따라 전세계적으로 모바일 게임 다운로드 수치도 폭발적으로 상승했다. 2020 1분기의 전세계 모바일 게임 다운로드 숫자는 무려 123억 건으로 지난해 동기 대비 18% 증가한 것으로 파악됐으며, 주평균 약 12억건으로 최고 기록을 갈아치웠다. 소비자 지출은 약 2% 증가한 약 166억 달러를 달성한 것으로 나타났다.

플랫폼 분석 업체에 따르면, 2020년 1분기 모바일 게임은 앱 스토어 내에서 여전히 다운로드보다 '수익' 측면에서 높은 비중을 차지했다. iOS와 구글플레이 양대 마켓 합산, 게임 앱 다운로드 비중이 40% 임에도 불구하고 앱 지출 점유율에서는 약 70%를 차지한 것이다.

2020년 1분기 전 세계에서 가장 많은 소비자 지출을 기록한 게임을 플랫폼별로 살펴보면 iOS에서는 텐센트의 '화평정영', 구글플레이에서는 엔씨소프트의 '리니지2M'으로 나타났다. 닌텐도 스위치 라이트에서는 '동물의 숲'이 1위를 차지했다.

또한 각 플랫폼 별 소비자 지출 상위 5개 게임을 분석해보면, 대부분 실시간 멀티플레이 또는 협동 플레이 게임이라는 점에서, '하드코어 멀티 플레이 게임'이 인기있다는 사실을 알 수 있었다.

한국에서 가장 많은 매출이 발생한 게임은 엔씨소프트의 '리니지2M'이였으며, 2위는 엔씨소프트의 '리니지M', 3위는 릴리스 게임즈의 '라이즈 오브 킹덤즈', 4위는 넥슨의 'V4', 5위는 4399의 '크래셔: 오리진'이 차지했다.[56)]
신종 코로나 바이러스 감염증(코로나19)으로 집에서 보내는 시간이 길어지며 지난해 게임 시장은 코로나19 특수를 톡톡히 누렸고 올해도 게임 시장은 가파른 성장세를 이어갈 것으로 전망된다.

한국콘텐츠진흥원에 따르면 올해 한국 게임 시장 매출은 지난해보다 7% 증가한 18조2680억원이 될 것으로 예상된다. 국내 게임 시장의 2020년 매출은 약 17조원으로 추산됐다. 전년(15조5750억원)보다 약 10% 늘어난 규모다. 업계에서는 넥슨, 엔씨소프트, 넷마블 등 이른바 '3N'의 연 매출만 합산 7조원에 이르는 것으로 전망하고 있다.

특히 각 게임사들의 주력 신작 출시가 예고돼 기대감을 키우고 있다. 오히려 지난해는 게임기업들이 사실상 쉬어가는 기간이었다는 평가도 나온다. 코로나19 효과로 반짝 특수는 누렸지만 '블록버스터'급 신규 게임이 부재했기 때문이다.

올해 기대작 중 하나가 엔씨소프트의 모바일게임 '블레이드앤소울2'다. 예정대로라면 지난해 4분기 출시됐어야 했지만 코로나19 등으로 사업계획이 차질을 빚으며 연기됐다. 블레이드앤소

55) 글로벌게임산업트렌드 2020 5-6월호 p.7/한국콘텐츠진흥원
56) 코로나19 여파...2020년 1분기 전세계 모바일 게임 무려 123억건 다운/OSEN

울은 리니지, 아이온과 함께 엔씨소프트를 대표하는 다중접속역할수행게임(MMORPG) 지식재산(IP)이어서 관심이 집중된다. 또 2019년 말 출시돼 지난해 3분기까지 8400억여 원의 매출을 기록한 '리니지2M'이 1분기부터 대만, 일본 등 해외진출을 본격화하며 엔씨소프트의 긍정적인 전망에 무게를 더하고 있다.[57)]

2) Z세대와 게임산업

'Z세대'

소비와 트렌드의 주역

'Z세대'란, 2020년을 기준으로 10대 초반~20대 중반이 되는 세대를 일컫는 말이다. 이러한 Z세대는 전 세계와 미국 시장에서 밀레니얼 세대를 제치고 가장 높은 인구 비중을 차지하고 있다.

디지털 네이티브를 넘어 모바일 네이티브인 Z세대는 이전 세대와 가치관, 기술을 대하는 태도 등에 따라 선호하는 앱, 앱을 사용 하는 이유, 이용 패턴 등에서 특색 있는 차별성을 보이고 있다. Z세대 역시 게임을 가장 많이 이용하기는 하지만, 이전 세대에 비해 게임이용 시간과 접속 횟수는 모두 줄어들고 있다. 반면 게임보다는 게임 동영상의 이용시간이 늘고 있으며, 게임 플레이 시간이 짧은 캐주얼 및 배틀로열 장르의 게임 선호도가 나타나고 있다.

이러한 변화는 한국의 Z세대에게 더욱 강하게 나타나고 있다. 글로벌 게임산업은 이미 Z세대를 위한 게임 제공에 적극 나서고 있으며, 한국 게임산업 역시 Z세대를 겨냥한 사업전략 수립을 적극 고민해야 할 때다.[58)]

---

57) '집콕'에 20조 육박한 게임시장…대작 게임 줄줄이 대기/ 조선일보
58) 글로벌게임산업트렌드 2020 1-2월호 p.6/한국콘텐츠진흥원

2019년 상반기 Z세대의 이전 세대의 앱 이용 패턴 비교

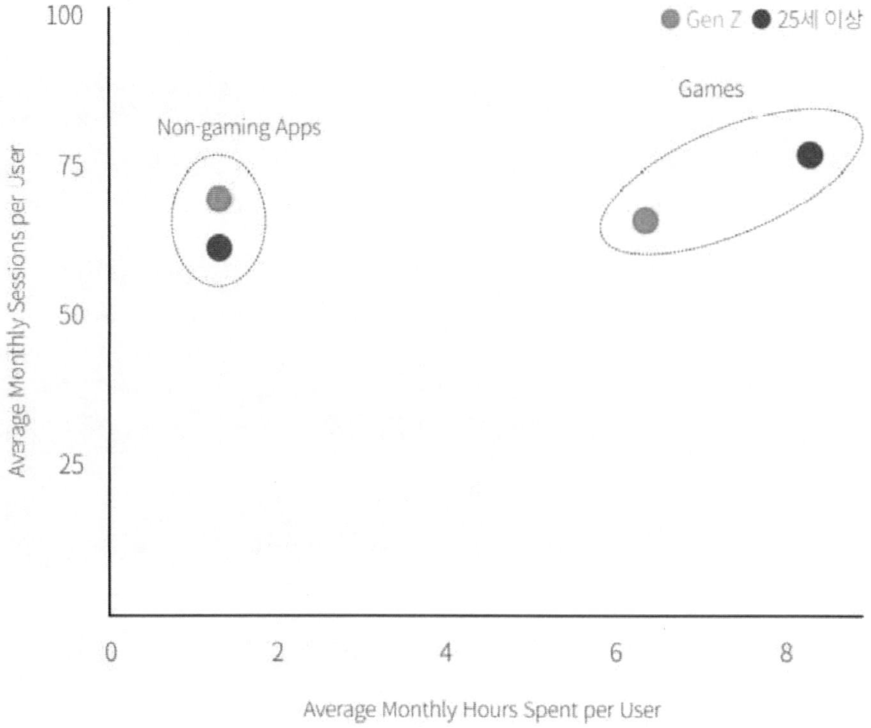

출처: AppAnnie

Z세대의 게임 참여 의향은 높지만, 게임 시간은 이전 세대보다 상대적으로 줄어들었다. 앱애니에 따르면 2019년 상반기에 Z세대와 이전 세대의 월평균 게임이용 시간을 비교한 결과, 이전 세대가 Z세대에 비해 30% 더 오래 이용한 것으로 나타났다. 월평균 게임 접속 건수도 이전 세대가 Z세대에 비해 20% 더 많이 접속했다. 시간으로만 따지면 Z세대는 이전 세대에 비해 월평균 2시간가량 덜 게임을 이용하는 것으로 나타났는데, 이는 게임산업으로서는 경각심을 가져야 할 지표다.

비게임 앱들의 경우 Z세대의 월평균 이용시간은 이전 세대와 거의 비슷하지만 접속 건수는 15%가 더 많았다. 즉, 1회 접속 당 이용시간은 줄었지만 이전 세대에 비해 더 자주 비게임 앱들에 접속했다는 뜻이다. 이에 비해 게임의 경우 Z세대의 월평균 이용시간과 접속 건수는 모두 이전 세대에 비해 줄었으며, 특히 접속 건수보다 이용시간의 감소폭이 커서 게임에 한 번 접속했을 때 이용하는 시간도 줄었음을 보여준다.59)

그러나 'Z세대'는 게임 이용시간이 줄어든 만큼, 비게임 앱을 그 이상으로 더 이용한다. 앱애니에 따르면 소셜미디어 외에 2019년 상반기에 Z세대의 참여도가 특히 높았던 비게임 앱은 게임 동영상 플랫폼인 '트위치(Twitch)'였다. 앱애니가 조사한 10개국 중 7개국에서 트위치의 Z세대 지표는 150~320 이상으로 나타났다.

59) 글로벌게임산업트렌드 2020 1-2월호 p.12/한국콘텐츠진흥원

글로벌웹인덱스의 조사에서도 PC와 노트북에서 비디오 콘텐츠를 시청하는 Z세대는 62%인 반면, 모바일로 시청하는 Z세대는 92%로 나타났는데, 이는 e스포츠와 게이밍 동영상 관련 업체들이 향후 모바일 플랫폼에 더 집중해야 함을 시사한다.60)

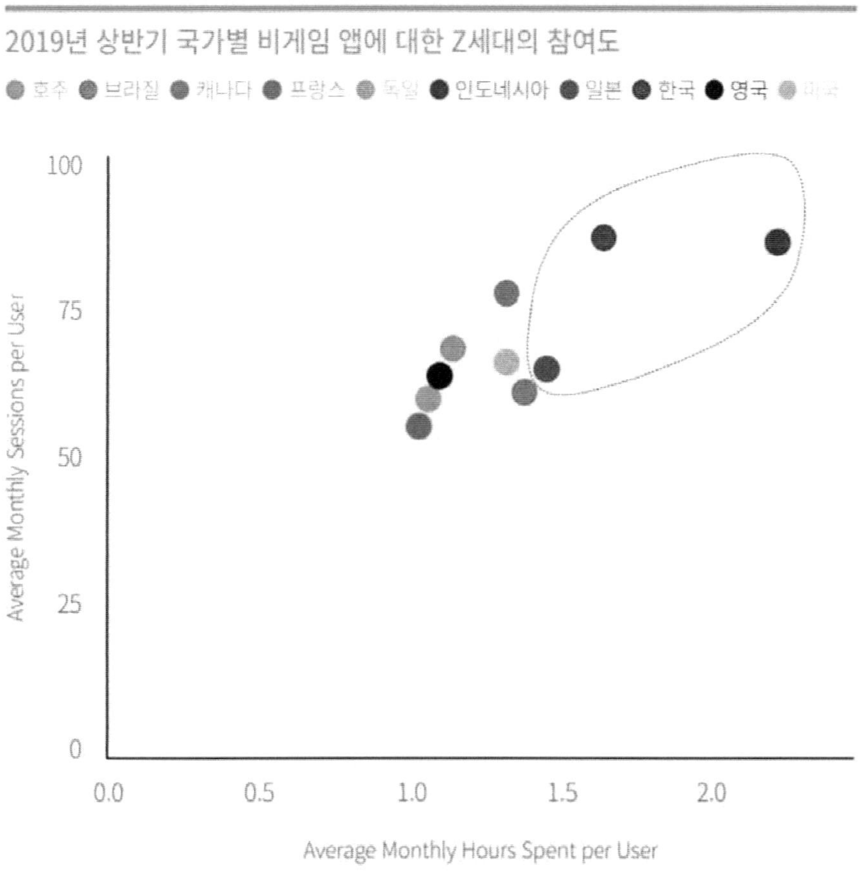

출처: AppAnnie

한편, 한국의 Z세대 게임 이용추이를 살펴보면 전세계 Z세대들에게 가장 인기가 많았던 브롤스타즈 게임에 대해서도 한국의 Z세대들이 가장 열렬하게 반응했다. 브롤스타즈의 Z세대 지표는 무려 500에 가깝다. 전체 모바일 이용자보다 브롤스타즈를 이용하는 비중이 5배 더 높았다는 뜻이다.

한국의 모바일 세대가 변하고 있고, 모바일게임 이용자 세대도 변하고 있다. 새롭게 부상하는 한국의 Z세대를 겨냥한 게임과 앱을 제공하지 못한다면, 이처럼 글로벌화 된 세계에서 그 수요의 공백은 자연히 외국의 발 빠른 기업들이 메우게 될 것이다. 2020년대 한국 게임산업의 또 다른 도약을 위하여 한국의 Z세대에 그리고 전세계의 Z세대에 눈길을 돌려야 할 때이다.61)

60) 글로벌게임산업트렌드 2020 1-2월호 p.14/한국콘텐츠진흥원
61) 글로벌게임산업트렌드 2020 1-2월호 p.17/한국콘텐츠진흥원

3) 모바일 게임, 새로운 수익모델 '배틀패스'

먼저 '배틀패스'의 개념에 대해 살펴보자. 업계에서는 배틀패스가 처음 도입된 시기를 2013년으로 보고 있다. 당시 <도타 2(Dota 2)>에서 '기록서(Compendiums)'라는 명칭의 아이템이 공개되었는데, 해당 아이템을 구매한 뒤 토너먼트 등 이벤트에서 대회 상금 목표치에 도달하면 다양한 특전이 주워지는 식이었다. <도타 2>의 기록서는 2016년 이후 현재 업계에서 널리 사용되는 '배틀패스'라는 명칭과 함께 인게임 미션 달성을 통해 보상을 받는 식으로 변화했다.

현재 배틀패스는 보통 '시즌'이라 부르는 특정 기간 동안 레벨 업이나 미션 해결을 달성한 게이머에게 보상을 지급하는 시스템으로 정착되고 있다. 따라서 유료 결제를 한다해도 계속 게임 플레이를 하지 않으면 보상을 얻을 수 없기에 게이머들도 이를 확률형 아이템보다는 공평한 시스템으로 인정하는 분위기다. 거기에 게임을 플레이하면 확실하게 보상을 제공함으로 확률형 아이템처럼 사행성을 조장한다는 비난에서도 벗어날 수 있게 된다. 이와 같은 '배틀패스'가 새로운 수익모델로 떠오르고 있는 이유는, '확률형 아이템'이 지나친 사행성을 조장한다는 이유에서 정부차원 규제가 심해졌기 때문이다.

PC 및 콘솔을 중심으로 적용되어 오던 배틀패스는 지난 2019년 동안 모바일게임으로도 그 범위가 확대되고 있다. 미국을 비롯해 단일 국가를 기준으로 세계의 주요 게임 시장이라 할 수 있는 영국과 중국에서도 이러한 경향이 나타난다. 특히 중국의 경우엔 매출 100대 모바일 게임 중 배틀패스를 적용한 게임의 비중이 2018년 12월 3%대에서 2019년 12월 30%대의 비중을 차지했다.[62)]

62) 글로벌게임산업트렌드 2020 1-2월호 p.20-24/한국콘텐츠진흥원

미국/영국/중국 매출 100대 모바일 게임 내 배틀패스 적용 게임 비중

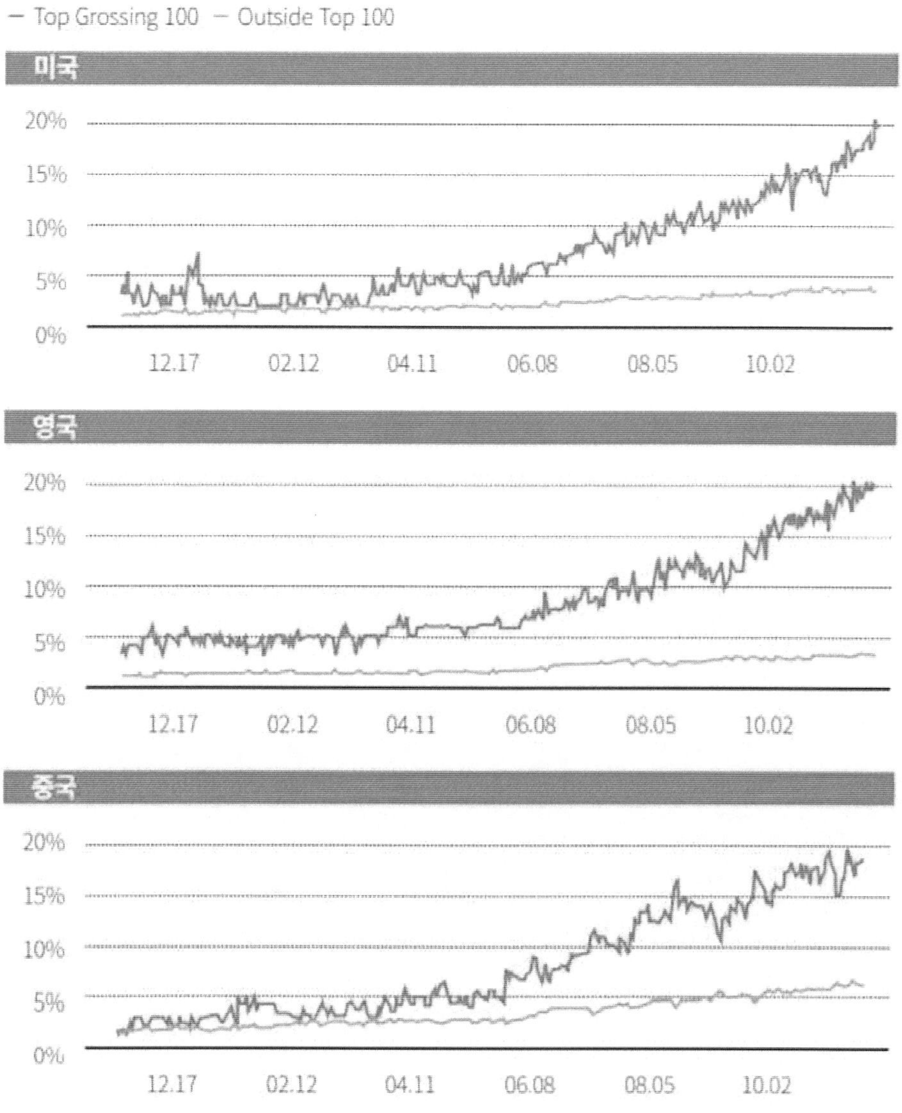

출처: GameRefinery(2019.12)

4) 리메이크 게임 트렌드

최근 과거에 인기를 끌었던 게임들이 리메이크되어 2020트렌드로 급부상했다. 특히 지난 2019년 1월에 출시된 <레지던트 이블 2>의 리메이크 버전은 게이머는 물론이고 평론가들의 호평을 받아 GOTY에 선정되기까지 했다.

2020년 역시 <레지던트 이블2>의 뒤를 밟아 현대적으로 재해석되는 다수의 게임들이 출시를 기다리고 있는 상황이었으며 이에 일각에서는 리메이크가 한동안 게임 시장의 주요 트렌드로 작용할 것이라 관망 중이다. 다음은 2020년도에 출시된 대표적인 리메이크 게임들이다.

가) 파이널 판타지 VII

<파이널 판타지 VII>의 리메이크 버전 트레일러 영상

출처: Sony Playstation 공식 유튜브 채널

2020년 3월 출시된 <파이널 판타지 VII 리메이크(Final Fantasy VII Remake, 이하 파이널 판타지)>는 1997년 출시된 동명의 타이틀을 원작으로 한다. 그 이름 그대로 '파이널 판타지'의 7번째 시리즈였던 원작 게임은 동일 시리즈 내에서도 가장 인기 있는 타이틀로 평가받는다.

나) 디스트로이 올 휴먼즈!

2005년 출시된 바 있는 <디스트로이 올 휴먼즈!(Destroy All Humans!)>도 2020년 새롭게 단장하여 게이머들을 만나게 되었다. 유명한 영화 <화성침공>에서 영감을 받은 듯한 이 게임은 주인공이 외계인이다. 게이머는 외계인이 되어 지구에 침략하고, 인간을 학살해야하는 미션을 부여받는 것이 주된 게임 내용이다.

<디스트로이 올 휴먼즈!> 리메이크 버전 플레이 공개 영상

출처: THQNordic

다) 레지던트 이블3: 네미시스

<레지던트 이블3> 리메이크 버전

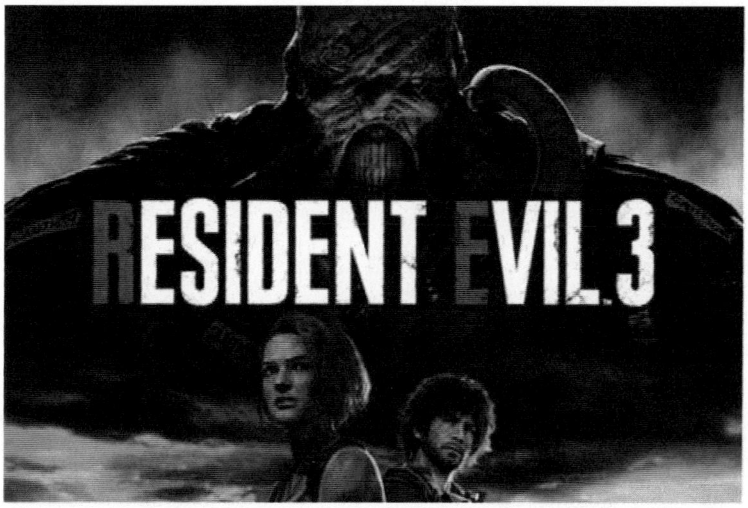

출처: Engadget

<레지던트 이블21>의 리메이크를 통해 2019년 상당한 호응을 얻어낸 캡콤(Capcom)은 2020년에도 해당 시리즈의 리메이크를 출시할 예정이다. <레지던트 이블3: 네미시스(Resident Evil 3: Nemesis, 이하 레지던트 이블3)>이 바로 그것인데, 2020년 4월 출시된 것으로 알려졌다. 해당 게임 타이틀은 1999년 발매된 <레지던트 이블3: 라스트 이스케이프>를 원작으로 한다. 개발과 퍼블리싱은 물론 원작 그대로 캡콤이 담당한다.[63]

63) 글로벌게임산업트렌드 2020 1-2월호 p.74-78/한국콘텐츠진흥원

5) AI와 게임의 콜라보

그림 72 볼보의 가상 자율주행 시뮬레이터

비디오게임과 같은 합성된 학습 데이터의 사용 효과에 관한 연구에 의하면, 합성 데이터를 미세하게 조정하는 것이 실제 데이터만을 사용해 도출한 결과만큼 좋은 학습 결과를 보여주고 있다.

특히 볼보의 가상훈련 환경은 실제와 매우 흡사하다는 평을 받고 있다. 다양한 날씨와 조도 조건을 시뮬레이션 할 수 있고, 동물이 도로에 뛰어드는 상황 같이 갑작스러운 위험이 발생했을 때 자율주행 차량이 어떻게 반응할 수 있는지를 테스트할 수도 있다. 햅틱 피드백과 VR 시스템을 탑재하고 있어 사람이라면 특정 시나리오에 어떻게 반응하는지에 관한 데이터를 수집할 수도 있다. 실제 세계에서 테스트하기에는 너무 위험 한 상황이나 혹은 거의 발생하지 않아 데이터가 부족한 상황을 얼마든지 테스트해 볼 수 있는 것이다.

그림 73 레이싱 게임 포르자의 AI 접목

한편 인공지능 기술을 레이싱 게임 개발에 활용하려는 시도도 꾸준히 진행되고 있으며 이 덕에 레이싱 게임은 점점 더 현실에 가까워지고 있다. AI를 활용한 레이싱 게임 설계의 역사도 오래된 것이어서 가령 포르자(Forza) 시리즈는 2005년 첫 출시 이래 플레이어가 아닌 게임

시스템이 구동시키는 레이싱 카를 보다 사실적으로 제어하기 위해 딥러닝4 신경망을 채택하고 있다.

'드라이바타(Drivatar)'로 불리는 이 시스템은 알고리즘이 게임 이용자가 플레이 하는 것을 보고 그 운전 스타일을 모방하도록 한 것이다. 드라이바타 시스템은 마이크로소프트(MS)의 클라우드 서비스를 통해 작동하며, MS의 클라우드는 전세계 포르자 플레이어들의 운전 스타일을 담은 방대한 데이터를 별다른 어려움없이 처리하며 AI를 학습시킬 수 있다.

포르자 게임 속 AI 레이서들은 전세계 모든 이용자들을 흉내 낼 수 있는데 그들의 장점뿐 아니라 어리석은 실수, 이상한 점, 약점까지도 모두 흡수해 그대로 플레이한다. 이로써 포르자의 레이싱 게임은 더욱 예측하기 어려운 까다로운 게임 경험을 제공하고 있다.

비단 레이싱 게임만이 아니라 인공지능(AI) 기술은 이미 게임의 시나리오 기획, 프로그래밍, 아트작업, 플레이어 간 밸런스 조절과 게임 시스템 운영, 운영 데이터 분석과 마케팅에 이르기까지 가히 게임 비즈니스의 전 단계에 걸쳐 활용되고 있다.

알파고를 개발한 딥마인드의 사례에서 보듯, 컴퓨터 비전 기술이 인공 지능 개발의 초기부터 중대한 역할을 해왔다는 점을 감안하면 게임에서 AI의 활용은 일견 당연한 일이기도 하다. AI는 게임을 때론 보다 스마트하게, 때론 보다 도전적으로, 때론 보다 공평하게 만들며 우리의 게임 생활을 보다 풍요롭게 만들고 있다. 향후 더 놀라운 AI 기술의 진보가 게임에 도입되어 생각지 못했던 또 다른 경험을 게임을 통해 접하게 될 것으로 기대된다.

5. 국내 게임산업 동향

5. 국내 게임산업 동향

가. 시장 규모[64)]

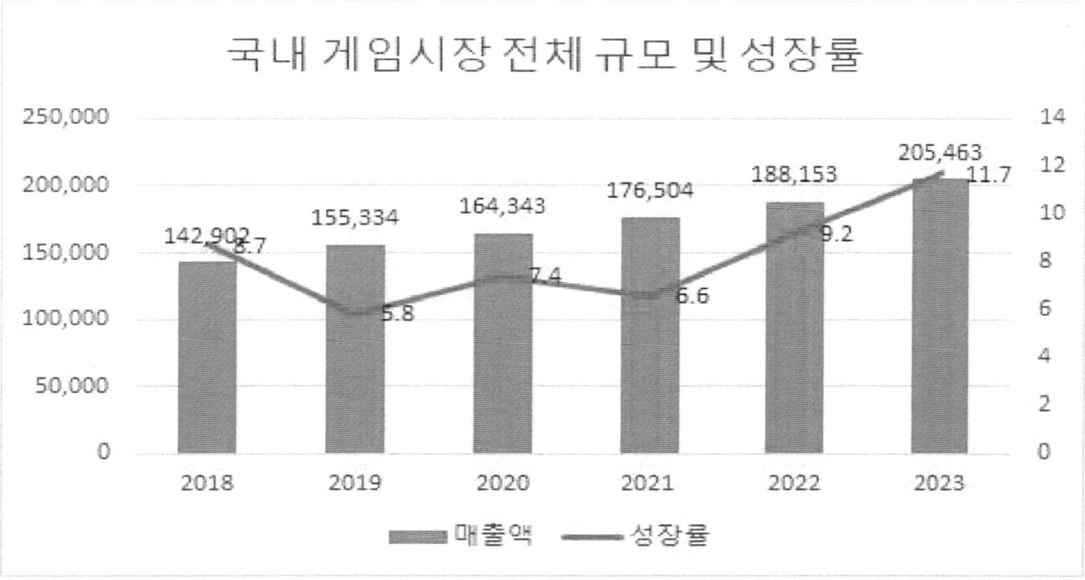

2020년 국내 게임 시장 규모는 16조 4,343억 원으로, 2019년 15조 5,334억 원 대비 7.4% 증가한 것으로 나타났다. 국내 게임 산업은 2009년 이후 2012년까지 지속적인 성장률을 나타냈다. 2019년 잠시 주춤 하는 듯 보였으나 2021년부터 지속적으로 성장할 것으로 보인다.

2020년에는 전년도와 마찬가지로 모바일 게임의 매출액이 전체 게임 산업에서 가장 높은 비중을 차지했다. 모바일 게임 매출액은 7조 2,645억 원이며 이는 전체 게임 산업에서 47.3%를 차지한다. PC 게임 매출액은 5조 645억 원으로 점유율은 34.5%를 나타냈다. 전년의 점유율 35.1%보다는 약간 비중이 감소했다. 그 다음으로 컴퓨터 게임방 운영업(PC방) 매출액은 1조 9,896억 원으로 점유율은 13.4%였고, 콘솔 게임 매출액은 7,652억 원으로 점유율은 2.8%였다.

64) 『2019 대한민국 게임백서』 국내 게임산업 동향 28p-34p/한국콘텐츠진흥원

구분		2019년		2020년	
		매출액	비중	매출액	비중
게임제작 및 배급업	pc게임	5,556,119	35.1	5,645,985	34.5
	모바일게임	7,134,971	46.6	7,264,548	47.3
	콘솔게임	747,820	3.7	765,254	2.8
	아케이드게임	191,184	1.3	200,654	1.4
	소계	13,583,061	86.7	13,876,441	86
게임유통업	컴퓨터 게임방 운영업	1,899,594	12.8	1,989,685	13.4
	아케이드 게임장	77,946	0.5	72,654	0.6
	소계	2,061,952	13.3	1,962,339	14

표 53 국내 게임 시장의 분야별 시장 규모 및 점유율

구분	2019년		2020년		2021년	
	매출액	성장률	매출액	성장률	매출액	성장률
pc게임	51,929	3.4	53,210	2.5	52,399	-1.5
모바일게임	70,824	6.4	72,579	2.5	76,757	5.8
콘솔게임	5,467	3.4	5,334	-2.4	7,042	32
아케이드 게임	1,908	2.9	1,881	-1.4	1,992	5.9
pc방	19,313	5.6	19,879	2.9	19,527	-1.8
아케이드 게임장	731	6.5	691	-5.5	703	1.7
합계	150,172	5.1	153,575	2.3	158,421	3.2

표 54 국내 게임시장 규모와 전망(2019-2021년)

구분	2022년(E)		2023년(E)	
	매출액	성장률	매출액	성장률
pc게임	54,178	3.4	55,532	2.5
모바일게임	81,669	6.4	83,710	2.5
콘솔게임	7,281	3.4	7,148	-2.4
아케이드 게임	2,049	2.9	2,000	-1.4
pc방	20,620	5.6	21,217	2.9
아케이드 게임장	748	6.5	707	-5.5
합계	166,500	5.1	170.329	2.3

표 55 국내 게임시장 규모와 전망(2022년-2023년)

한편, 2021년 국내 게임 시장 규모는 2020년 대비 3.2% 상승하여 15조 842억 원 수준에 도달할 것으로 전망된다. 2021년에는 게임 제작 및 배급업의 모든 게임 플랫폼, 그리고 게임 유통업 전 부문에서 산업 규모가 성장할 것으로 보인다. 다만 성장 폭은 그다지 크지 않을 것으로 예상된다.

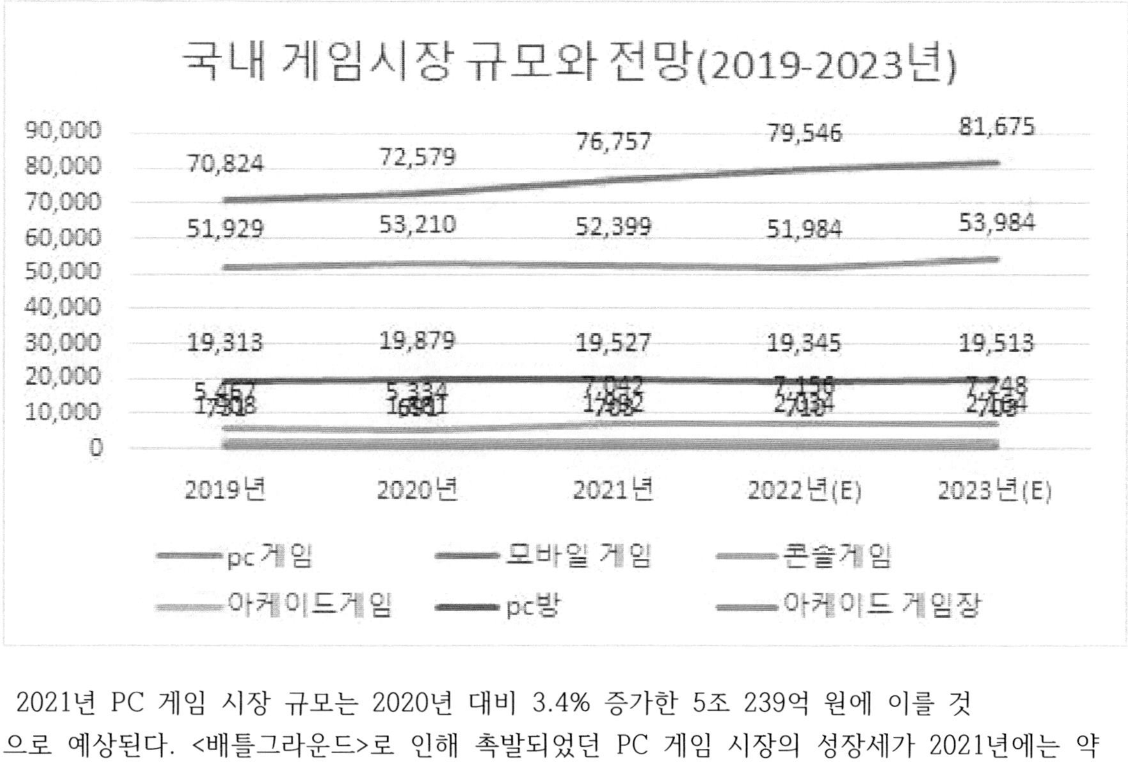

2021년 PC 게임 시장 규모는 2020년 대비 3.4% 증가한 5조 239억 원에 이를 것으로 예상된다. <배틀그라운드>로 인해 촉발되었던 PC 게임 시장의 성장세가 2021년에는 약간 하락할 것으로 보이며, 코로나의 영향으로 PC방 매출 또한 2021년에 그 규모가 감소할 것으로 전망되고 있다.

모바일 게임 시장은 성장을 지속하며 성장세 또한 큰 폭으로 성장할 것으로 예상된다. 따라서 2021년 매출은 전년 대비 6.4% 증가한 7조 675억 원을 기록할 것으로 전망된다.

콘솔 게임은 최근 몇 년 간 닌텐도 스위치의 선풍적인 인기에 힘입어 시장 규모가 큰 폭으로 성장해왔으나 모바일 게임의 큰 성장과 고비용의 문제로 성장세가 둔화될 것으로 보인다. 2021년에는 닌텐도 스위치가 시장에서 어느 정도 자리를 잡으며 기기의 판매 실적이 감소하고 게임 타이틀의 구매도 안정화되면서 성장 폭 자체는 크게 줄어들 것으로 보인다.

아케이드 게임의 성장세도 이전과 같이 안정화될 것으로 보인다. VR 등을 적용한 체험형 시뮬레이터가 기대했던 것보다 널리 확산되지 못함에 따라 강력한 성장 동력으로는 작용하지 못한 것으로 보인다. 그럼에도 불구하고 아케이드 게임장은 광범위한 연령대가 방문하는 장소로 변화하고 있어, 이에 따라 아케이드 게임과 아케이드 게임장 부문은 완만한 성장세를 유지할 것으로 예측되었다.

또한 '2020 디지털 차트: 모바일 게임' 리포트에 따르면, 지난해 글로벌 모바일게임 시장의 매출 규모는 685억 달러(한화 약 82조 6,521억 원)으로 집계됐다. 국내 모바일게임 시장 규모는 2021년에 성장세 둔화 속에서도 7조 6,757억 원 도달이 추정된다.

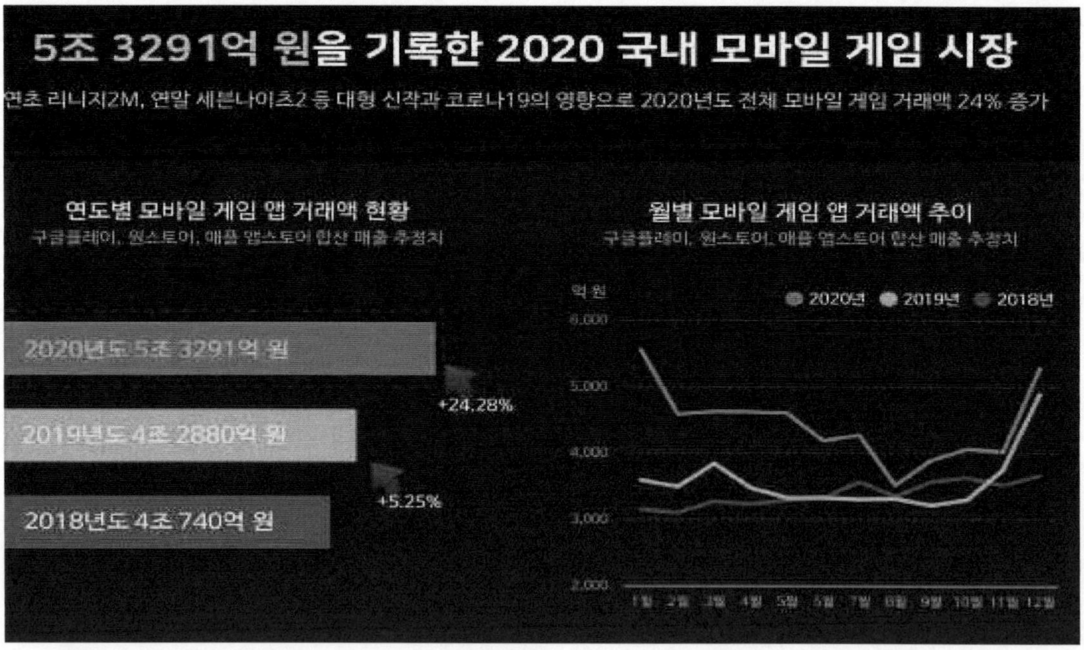

2020년 한해 신종 코로나바이러스 감염증(코로나19) 등 여파에 국내 모바일 게임 시장이 급성장하며 시장 규모가 5조원을 넘었다. 모바일 빅데이터 기업 아이지에이웍스에 따르면 지난해 구글플레이·애플 앱스토어·원스토어 합산 모바일 게임 앱 거래액은 5조3천291억 원으로, 2019년보다 24% 증가했고 작년 하반기 기준 모바일 게임 월평균 사용자 수는 2천647만 명에 달했다.

사용자 수는 여성(52.83%)이 남성(47.17%)보다 많았는데, 평균 사용 시간은 남성이 길었다. 30대 남성은 전 계층 중 가장 긴 월평균 48시간 게임을 했다. 총 사용 시간은 안드로이드 OS 기준 '리니지M'과 리니지2M'이 각각 3억27만 시간, 2억6천73만 시간으로 각각 1위와 2위를 차지했다. 그다음으로 '배틀그라운드'(2억2천54만 시간), '바람의나라: 연'(2억886만 시간), '카트라이더 러쉬플러스'(2억 720만 시간) 등 순이었다. 신규 설치 수는 레이싱 게임 '카트라이더 러쉬플러스'(919만 건)가 1위에 올랐고, 생존 게임 '어몽 어스', 서바이벌 슈팅 게임 '배틀그라운드 모바일' 등이 뒤를 이었다.[65]

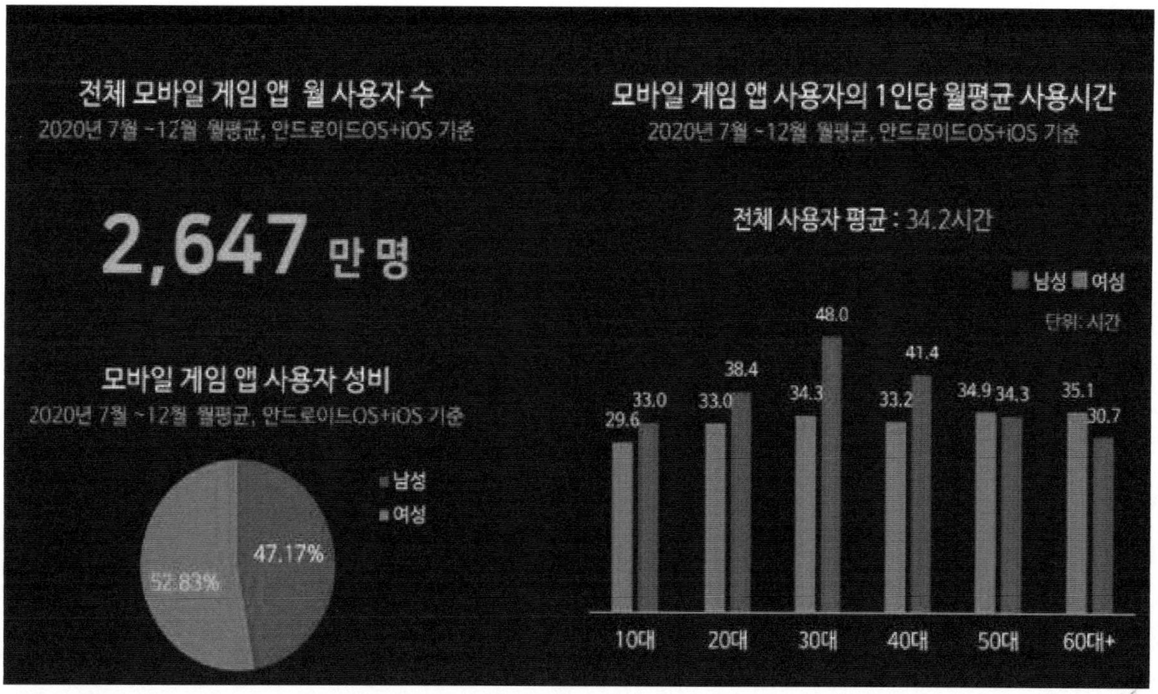

전문가들은 2021년은 더 큰 성장을 기대해 볼 만하다고 전망하고 있다. 예정된 각종 신작과 해외 진출 등으로 추가 실적 확대를 위한 모멘텀이 마련될 수 있기 때문이다. 코로나19로 게이밍PC, 콘솔 등 신규 게임기기 구매 수요가 증가하고 근무 및 여가생활 방식의 변화로 코로나 종식 이후에도 지속적으로 게임 이용자수는 증가할 전망이다.

국내 게임 개발사들의 개발력은 최고 수준이지만 유일하게 부진한 시장은 '콘솔'이다. 콘솔게임은 스토리텔링, 그래픽, 음악, 캐릭터 디자인 등 모든 부분에서 한 차원 높은 업그레이드가 필요하기 때문에 미국, 유럽, 일본 등 게임개발 선진국에서 주로 개발해왔다. PC 온라인, 모바일 게임에 비해 유독 콘솔 게임에서는 국내 게임사가 힘을 쓰지 못해왔으나 최근 국내 게임사들이 콘솔 시장 개척을 위해 투자에 나서고 있으며 콘솔 게임 시장 진출에 망설여왔던 국내 게임사들도 올해는 본격적으로 움직임을 보이고 있다.

넷마블 첫 콘솔게임 데뷔작인 닌텐도 스위치 게임 '세븐나이츠 타임원더러'는 지난해 출시돼 사전예약 1위를 기록했다. 엔씨소프트는 '퓨저(FUSER)'를 선보이면서 북미·유럽 시장 공략에

65) "작년 국내 모바일 게임 시장 규모 5조원 돌파…24%↑"/ 연합뉴스

나섰고, 올해 중 '프로젝트TL' 출시를 앞두고 있다. 넥슨도 '카트라이더 드리프트'를 출시할 예정이다.

이와 같이 국내 게임 시장은 모바일 위주 성장에서 코로나19 이후 PC·콘솔 라인업이 많아졌으며 현재 국내 대부분의 게임사들이 크로스플레이 염두에 둔 콘텐츠 개발에 집중하고 있다.[66]

66) '언택트 수혜' 잘 나가는 게임업계…내년도 성장 '박차'/일요경제

나. 세계시장에서의 점유율67)

(단위: 억 원, %)

구분	2018년		2019년		2020년(E)		2021년(E)		2022년(E)	
	매출액	성장률	매출액	성장률	매출액	성장률	매출액	성장률	매출액	성장률
PC 게임	50,236	10.6	48,058	-4.3	48,779	1.5	48,827	0.1	49,306	1.0
모바일 게임	66,558	7.2	77,399	16.3	93,926	21.4	100,181	6.7	110,024	9.8
콘솔 게임	5,285	41.5	6,946	31.4	8,676	24.9	12,037	38.7	13,541	12.5
아케이드 게임	1,854	3.1	2,236	20.6	766	-65.7	1,503	96.2	2,382	58.5
PC방	18,283	3.9	20,409	11.6	17,641	-13.6	19,605	11.1	23,146	18.1
아케이드 게임장	686	-12.0	703	2.4	303	-56.9	532	75.4	726	36.6
합계	**142,902**	**8.7**	**155,750**	**9.0**	**170,093**	**9.2**	**182,683**	**7.4**	**199,125**	**9.0**

그림 79 게임 유형별 성장률과 매출액 추이/2020대한민국 게임백서

한국콘텐츠진흥원은 PC게임 지식재산권(IP)를 기반으로 하는 모바일 MMORPG 흥행에 힘입어 내수시장이 확대되고 있으며 아시아권을 중심으로 수출 시장에서도 좋은 성과가 나타났다고 2020년 모바일게임 시장을 분석했으며 아울러 앞으로도 모바일게임 시장이 큰 폭의 성장세를 기록할 것으로 예상했다.

콘솔게임 시장은 성장세만 놓고 본다면 국내 게임 산업에서 가장 높은 성장세를 기록하고 있는 부문이다. 2018년 41.5%의 성장률을 기록한 콘솔게임 시장은 2019년과 2020년에 각각 31.4%, 24.9%의 성장률을 보였다.

반면 아케이드게임, PC방, 아케이드 게임장 등의 부문은 코로나19로 인해 큰 타격을 받았다. PC방 시장은 전년대비 -13.6%, 아케이드게임과 아케이드 게임장은 각각 -65.7%, -56.9의 성장률을 기록했다. 특히 2019년 처음으로 연간 매출액 2조 원을 넘어섰던 PC방 시장은 올해 1조7천641억 원의 매출을 올리며 2018년 보낮은 매출을 올렸다.

하지만 최근 세계 게임 시장에서 중국 게임이 글로벌 시장에서 계속해 성장하며한국 게임의 위상이 뒷걸음치고 있다. 중화권과 아시아, 북미 등에서 한국 게임을 이용할 때 가장 불편한 점으로 서버속도가 느린 것을 우선으로 꼽았다. 영국과 이탈리아에서는 그래픽 수준이 떨어진다고 평가했으며 스페인에서는 높은 사양의 디바이스가 필요해 게임을 즐기지 않는다고 답했다. 러시아에서는 자국어 지원이 되지 않아 한국 게임을 즐기지 않는다고 응답했다.

67) 『2019 대한민국 게임백서』 국내 게임산업 동향 45p-46p/한국콘텐츠진흥원

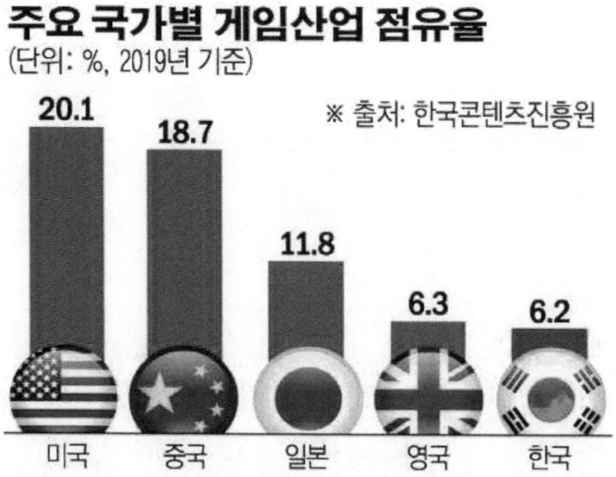

특히 대부분의 국가 응답자들은 주변에 같이 즐길 수 있는 사람이 없어 한국 게임을 즐기지 않는다고 답했다. 다만 게임 자체가 이용하기에 흥미롭고 재미있어서 즐긴다는 답변도 상당수를 차지했다.

해외 시장에서의 한국 게임에 대한 위상은 갈수록 하락하고 있다. 대한민국 게임백서에 따르면 세계 게임 시장에서 한국의 점유율은 2018년 6.3%로 4위에 올랐지만 2019년에는 6.2%로 5위로 밀려났다. 이는 미국, 중국, 일본, 영국의 뒤를 잇는 규모다. PC 시장에서는 3위, 모바일 게임 시장에서는 4위의 점유율을 갖고 있다.

전문가들은 중국의 글로벌 시장 점유율이 증가하며 한국 게임의 입지가 좁아진다는 분석이다. 이는 중국이 대규모 자본을 기반으로 한 대대적인 마케팅과 홍보를 통해 공격적으로 시장을 공력하고 있기 때문이다. 특히 중국 내에서 개발하는 중국 게임들은 한국 게임보다 사양이 낮은 것이 특징인데 고사양 고퀄리티를 추구하는 국내와 달리 저가 스마트폰에서도 구동이 가능하기 때문에 개발도상국에서 국내 게임보다 경쟁력이 있는 것으로 보인다.

국내 게임업계에서도 이를 인지하고 시장경쟁력을 높이기 위한 준비를 하고 있다. 국내 시장에 이미 출시해 서비스하고 있는 게임들은 리뉴얼 과정을 거쳐 현지에 최적화를 진행해 해외 진출을 위한 준비를 진행할 예정이다.[68]

68) 한국게임 순위 세계 5위로 밀려/ 이투데이

다. 국내 게임정책

1) 새로운 게임법 개정안

문화체육관광부가 '게임법(게임산업진흥에 관한 법률)'을 새롭게 개정하여 2020년 7월경 초안을 발표할 예정이라고 밝혔다. 앞서 공개한 전부 개정안의 경우, 규제 강화 및 실효성 문제 등으로 논란이 된 바 있어 실질적인 법안 개선 여부가 주목되고 있는 실정이다.

문체부는 2019년 게임법 전부 개정 계획을 밝힌 이후 관련 연구용역을 진행하였으며 2020년도 초 게임법 전부 개정안을 공개한 바 있다.

그러나 이를 놓고 산업 진흥·육성보다는 규제 쪽에 초점이 맞춰진 데다 해외 사업자 제재 등 실효성이 낮다는 비판이 제기 되었다.

이에 따라 문체부는 현재 '게임산업법 개정 관련 전담팀'을 운영하며 두 차례 비공개 회의를 마치고 기존 게임법 전부 개정안 연구에 관한 2~3개 쟁점을 묶어서 분야별 전문가 3~4인의 자문과 토론을 거쳤다고 밝혔다. '게임산업법 개정 관련 전담팀'은 문체부가 총괄을 맡은 가운데 게임물관리위원회, 한국콘텐츠진흥원, 연구진, 자문단 등이 참여 중이다.

게임법에 관련한 쟁점은 ▲게임 정의 재정비 ▲온라인게임제공사업 신설 ▲게임문화·게임산업 진흥 정책 확대 ▲자율규제 근거 마련 및 확대 ▲내용수정 신고제도 개선 ▲확률형 아이템 관련 정보 공개 ▲게임의 사행성 판단기준 및 사행적 이용 금지 방안 ▲불법 광고에 대한 규제 근거 마련 ▲국내대리인제도 도입 필요성 및 문제점 ▲게임기기 안전성 확보 방안 ▲자율적 분쟁조정제도 도입 등이 있다.

이를 토대로 문체부는 2020년 7월 중 게임법 전부 개정안 초안을 마련할 예정이며 8~9월에는 개정안 설명자료 및 하위법령안도 만든다는 방침을 밝혔다.[69]

2) 등급분류제도[70]

「게임산업진흥에 관한 법률」에 따르면 '등급분류제도'가 있다. 최근 이를 두고 게임물관리위원회와 게이머들 사이에서 논란이 되었던 쟁점이 있었기에 이 부분에 대해 먼저 살펴보고자 한다. 게임물관리위원회는 '등급분류제도'에 대해 다음과 같이 밝히고 있다.

가) 등급분류 대상 게임물

「게임산업진흥에 관한 법률」(이하 게임법) 제2조 제1호와 제21조에 규정되어 있는 바와 같이 "컴퓨터프로그램 등 정보처리기술이나 기계장치를 이용하여 오락, 여가선용, 학습 및 운동효과 등을 높일 수 있도록 제작된 영상물 또는 그 영상물과 관계된 기기 및 장치"는 모두 게임

---

69) 문체부, 새로운 게임법 전부 개정안 7월 마련한다/아이뉴스24
70) 게임물관리위원회
https://www.grac.or.kr/Institution/EtcForm01.aspx

물관리위원회(이하 게임위)의 등급분류를 받아야 한다. 즉, 게임물을 유통시키거나 이용에 제공할 목적으로 게임물을 제작 또는 배급하고자 하는 사람은 당해 게임물을 제작 또는 배급하기 전에 게임위로부터 등급분류를 받아야 한다.

나) 등급분류 예외 게임물

중앙행정기관의 장이 추천하는 게임대회 또는 전시회 등에 이용·전시할 목적으로 제작·배급하는 게임물이나 국가, 지방자치 단체, 교육기관, 종교기관 등이 교육·학습·종교 또는 공익적 홍보활동(비영리 목적) 등의 용도로 제작·배급하는 게임물, 시험용 게임물은 등급분류를 받지 않아도 된다. 당해 게임물이 등급분류 예외 게임물에 해당하는지 여부는 미리 게임위에 확인받을 수 있다. <게임법 제21조>

다) 등급분류심의기준

콘텐츠 중심성	콘텐츠 이외의 부분에 대해서는 등급분류 대상에서 제외
맥락성	전체적인 게임물의 맥락, 상황을 보고 등급을 결정
보편성	사회적 통념에 부합하는 등급을 결정
국제적	통용성 범세계적인 일반성을 갖도록 등급을 결정
일관성	동일 게임물은 심의시기, 심의주체가 바뀌어도 동일한 등급결정

3) 규제 정책

가) 셧다운제

2011년 도입된 **'셧다운제'**는 당시 가장 뜨거운 이슈였다. 셧다운제는 자정부터 새벽 6시까지만 16세 미만 청소년들의 온라인 게임 접속을 차단하는 것을 주요 골자로 하며, 수면권을 보장하고 게임 중독을 막는다는 취지로 도입된 제도다. 그러나 실제 셧다운제의 정책효과를 분석해보니 해당 연령대 청소년의 주중 하루 평균 게임 이용시간은 18분, 주말에는 20분가량 소폭 감소했다. 셧다운제는 사실상 통계적 유의성을 확보하지 못했다. 반면, 한국경제연구원이 2015년 발표한 '셧다운제 규제의 경제적 효과 분석 보고서'에서는 셧다운제 시행 이후 국내 게임 산업의 규모가 1조 1천600억 원가량 감소한 것으로 나타났다.

나) 게임 중독법

이외에도 **'게임 중독법'**, **'게임 심의 기준'** 등 게임과 같은 규제안은 계속 발표됐다. 이는 단순히 산업 성장을 저해하는 데 그치지 않고 게임에 대한 부정적 인식을 키우고 있다. 2014년까지 많은 게임 개발자들이 산업의 성장을 보조해주지 못하고 방해만 되는 게임 산업 규제 때문에 업종을 옮겼다.

게임 산업을 둘러싼 정부 부처 간 의견 대립 역시 게임 산업의 큰 어려움이다. 국내 게임 산업이 정부의 산업 진흥책이나 규제책에 크게 영향을 받을 수밖에 없는 현실에서 각 부처 간 게임 산업에 대한 시선 차가 존재한다. 문제는 그 시선 차가 상호 조정되지 않은 채 게임 산업 정책에 반영돼 발표되고 있다는 점이다.[71]

이에 대하여 서울 세종대로 대한상공회의소에서 열린 '게임 이용 장애 질병 분류의 경제적 효과 분석 연구결과 발표 및 토론회'에서는 게임 이용 장애가 질병으로 분류 되면 3만4000명의 젊은이들이 일자리를 잃게 된다는 의견이 모아졌다.

또한 'ICD-11 게임이용 장애 질병 분류의 경제적 효과 분석 연구'를 통해 게임이용 장애의 질병 분류가 게임 이용자, 게임 산업 전반, 전체 산업에 미치는 경제적 효과를 추정했다.
그 결과, 총 생산 감소효과는 5조2526억원인데 사회적 비용이 고려되지 않아 산업적 피해는 더 클 수 있다는 분석이 제기되었다. 관련 전문가는 이에 대하여 개인의 보호 논리에 치우쳐 산업적 피해가 얼마나 클 수 있는지 간과되어서는 안된다고 덧붙였다.

더불어 현재 코로나19 사태로 모바일 시장과 게임 시장이 급성장하고 있는 상황에서 어떤 산업 정책을 도입해야하는지 고려해야 한다고 전했다.[72]

다) 게임위, '스팀규제' 논란

게임물관리위원회가 최근 등급분류를 받지 않은 '스팀 게임'에 대한 단속을 강화하면서 '스팀규제'에 대한 논란이 일었다.

게임위는 '스팀에서 국내 시장 유통을 목적으로 한 게임'을 서비스하는 회사들에게 등급 분류를 받지 않고 서비스하는 것이 한국 현행 게임산업법 위반이라는 것에 대한 메시지를 전달했다. 한국에서 스팀 게임을 서비스하는 해외 게임사들이 이러한 메시지를 받은 것으로 확인되었으며, 대상이 되는 게임의 개수는 수십여 개며, 지명도 높은 게임도 일부 포함된 것으로 알려졌다.

실제로 게임산업법 제32조에 따르면, 등급분류를 받지 않고 서비스되는 게임은 '불법게임물'로 규정된다. 따라서 게임물관리위원회의 취지는 해외 게임사가 직접 등급 분류를 할 수 있도록 문을 열었으니 현행 법을 준수하라는 것이다.

업계 전문가들은 위원회의 이번 조치가 판매 자체를 걸어 잠그는 방식으로 이루어진다면 2014년보다 더 강력한 제재가 될 것이라며 전망했다. 한국에 스팀 게임을 서비스하려는 해외 게임사 입장에서는 현지화에 복잡다단한 심의 과정까지 추가된 것이다. 많은 게임사가 한국 시장에만 적용되는 행정상 번거로움을 피한다면, 이용자 입장에서는 앞으로 스팀에서 한국어로 만나는 게임이 줄어들 수 있다.[73]

---

71) '게임중독=질병' 낙인 우려까지…게임산업 죽을맛/중앙일보
72) "게임 질병 분류되면 3만4천개 일자리 잃는다"/파이낸셜 뉴스 20th
73) 게임물관리위원회, 등급분류 하지 않은 스팀 게임 제재 나서/THIS IS GAME

이에 대하여 많은 게이머들은 게임위가 과도한 게임 규제와 게임 탄압을 초래한다며 국민청원까지 나섰다.

게이머들은 스팀을 통해 서비스하는 해외 게임사에 등급 분류를 강제로 받으라고 할 경우, 해외 게임사 다수가 한국 시장을 포기해버릴 것이라고 생각했다.

이와 같이 게이머들이 올린 국민청원에는 "게임위가 심의 받지 않은 스팀 내 게임을 단속하려 나섰다"며 "이러한 단속 행위는 한국 게임 문화발전에 도움이 되지 않는다"는 내용이 담겼다. 청원에 참여한 국민 수는 무려 4만6648명에 달했다.74)

그러나 게임위가 스팀을 돌연 규제하려는 것이 아니라 해외 게임사들에 국내법을 따를 방법을 새로 안내했다는 의도를 밝히며 논란은 종결됐다.

스팀은 미국 게임사 '밸브 코퍼레이션'이 운영하는 플랫폼이고, 전 세계의 개발사가 스팀을 통해 1만개가 넘는 게임을 유통하기 때문에 해당 법 조항 적용에 한계가 있었다.

게임위는 스팀을 통해 국내에 유통되는 게임도 법에 따라 등급 분류를 받을 수 있도록 밸브와 논의했을 뿐, 게임 유통을 차단하려고 한 의도가 아니라고 해명했다.

또한 국내 등급 분류 제도를 모르거나 까다로워했던 해외 게임사들이 등급 분류를 쉽게 받을 수 있도록 영문 접수 절차를 개선했는데, 스팀으로 게임을 유통하던 해외 게임사들에 이를 안내한 것이 오해를 일으켰다는 게 게임위 측 해명이다.75)

4) 진흥 정책

가) 게임, '문화예술'에 포함

정부가 '제105회 국정현안점검조정회의'를 주재해 '게임산업 진흥 종합계획'에 대해 밝혔다는 소식이 전해졌다. 이번 '문화예술진흥법'에서 크게 주목할만한 점은, 게임을 '문화예술' 범위에 포함시킨다는 내용이었다.

정부는 게임 산업을 코로나19 사태 이후 새로운 경제 성장 동력으로 지목했으며 문화체육관광부는 게임 산업을 집중적으로 육성하겠다는 취지이다. 이번 계획안에는 그 동안 게임 업계의 성장을 가로막았던 규제를 완화하고, 중소 게임 기업에 대한 단계적 지원을 강화하는 등 산업 현장의 목소리를 반영했다. 이 진흥 계획은 2024년까지 국내 게임 산업매출액을 19조 9000억 원, 수출액을 11조 5000억 원으로 확대하고, 일자리를 10만 2000개로 늘릴 것을 목표로 한다.

74) 뿔난 게이머 "게임위는 스팀 탄압 멈춰라"/IT Chosun
75) '게임위가 스팀 규제?' 해프닝 종결…등급분류제 개정은 탄력/연합뉴스

게임은 이미 북미, 유럽, 일본 등 여러 국가에서 문화 예술로 인정되고 있었다. 이러한 세계적인 추세에 발맞추어 문화부는 다양한 지원책을 마련하고, 게임을 건전한 여가문화로 정착시켜 나갈 것이라고 언급했다. 또한 자신에게 알맞은 게임을 통해 여가문화를 즐기면 과몰입에 따른 사회적 부작용도 최소화 할 수 있을 것이라고 덧붙였다.

이에 따라 문화부는 BIC 인디 페스티벌, 구글페스티벌과 같은 다양한 행사와 게임 개발을 지원한다는 방침도 밝혔다. 특히 '예술게임'에 대한 지원과 제작을 늘릴 예정이라고 덧붙였다.

한편, 문화부는 게임의 규제 개선 및 지원 강화 정책으로, 게임이용자의 권익 보호 및 게임이용자의 게임 향유권, 게임사업자의 이용자 보호 의무 등을 법률에 명시하고 국내 법인이 없는 해외 게임사업자의 국내 대리인 지정 제도를 도입한다고 밝혔다. 특히 '확률형 아이템'에 대해 아이템 종류, 확률정보 등 표시 의무 부과 근거를 마련하고 지나친 선정성 등 올바른 게임 이용을 해치는 게임광고도 제한해 나간다는 계획이다.

또한 제작 지원 측면에서는 온라인·모바일 외에 다양한 플랫폼 및 VR·블록체인·클라우드 등 신기술을 기반으로 한 신성장 게임을 집중 육성한다고 밝혔다. 더불어 기능성 게임과 인디게임 등 제작 지원을 통해 게임생태계 다양성을 제고하는 것을 목표로 하고 있다.

'게임에 대한 인식 제고'를 위해서는 가족 중심의 게임문화 축제를 개최하고 게임 과몰입 치유를 위한 기반시설의 기능을 강화한다는 방침도 제시했다. 게임 이용문화 교육 대상의 경우 기존 청소년 위주에서 고령층, 개발자, 유튜버 등으로 확대한다는 내용이다.[76)]

코로나19 사태를 겪으면서 국가적 차원의 언택트 산업 육성의 필요성이 어느 때보다 높아지고 있어 이에 4대 핵심전략과 16개 역점 추진과제를 통해 정부는 게임이 비대면 시대와 4차 산업혁명을 선도하는 핵심 산업으로 성장할 수 있도록 지원하고 있다.

나) 게임전문펀드 확대 방침

정부가 게임 산업 육성 정책의 일환으로, 게임전문펀드를 확대한다는 방침을 발표했다. 문화체육관광부의 게임전문펀드 확대 방침에 더해 중소벤처기업부까지 별도 게임전문펀드 조성을 추진하기로 하면서 업계 기대감도 커지는 분위기다.

정부의 이 같은 발표에 중소개발사들을 중심으로 게임업계는 우호적인 반응을 보이고 있다. 현재 게임업계는 전체 투자액 감소로 인한 중소개발사 자금부족 현상이 심화되고 있기 때문이다. 한국벤처캐피탈협회에 따르면 2014년 1천762억에 달했던 게임산업 투자액은 2019년 1천192억원으로 5년새 약 32% 감소했다.

한편, 중기부의 제3차 추가경정예산안에 따르면 중기부는 추경 2천억원에 기존 모태펀드 전환액 2천억원을 더한 총 4천억원을 출자해 하반기 1조원 규모의 '스마트 대한민국 펀드'를 신

76) 게임산업 진흥종합계획 뭘 담았나?/더게임스데일리

규 조성하기로 했다.

편드 기금은 민간과 정부가 6대 4로 출자하며, 이 안에는 별도 게임전문펀드가 신설될 전망이다. 또한 문체부는 성장이 유망한 중소게임기업의 자금 지원을 위해 모태펀드 문화계정 내 게임전문펀드의 정부 출자 비중을 기존 60%에서 70% 이상으로 높이는 방안을 추진한다고 덧붙였다.

중소게임기업 육성 펀드를 조성하는 방안과 더불어 모험펀드를 통한 인디게임 등 소외 장르 및 제작 초기 단계 지원 확대 등도 검토할 예정이다. 중소게임사들의 운전자금 및 해외진출 준비금 등에 대한 융자 등도 지원한다.

이에 대하여 게임업계 관계자들은 5~6년 전만 해도 모바일 게임 개발에 15~30억원이 필요했다고 한다면, 이제 글로벌에서 경쟁하기 위해서는 100억원 수준이 필요하다면서 게임전문펀드를 통해 중소·중견 게임 개발사들에 더 많은 자금이 지원될 수 있길 바란다고 기대감을 전했다. 또한 정부에서 펀드 및 생태계 조성을 위한 정책 등을 펼쳐줄 경우 스타트업과 메이저 회사가 협업할 수 있는 접점도 만들어질 것이라고 예측했다.77)

다) 콘솔-아케이드 지원 강화

정부가 코로나19 이후 새로운 변화의 시기를 마주한 국내 게임 산업에 대한 새로운 지원을 약속했다. 특히 콘솔과 아케이드 시장에 대한 지원을 강화하겠다고 밝혀 눈길을 끌었다.

문화체육관광부 오 차관은 게임 산업에 대한 지속적인 지원을 이어가겠다는 계획을 밝히며 "게임산업도 비대면 환경에서 많은 어려움이 있었지만 이를 기회로 활용해 큰 성과를 거뒀다. 33개 상장 게임기업의 매출은 24%가 성장했고 영업이익도 94% 증가했다"라며 "사회적 거리두기 이후 다소 멀어질 수 있는 국민들을 이어줄 수 있는 대표 콘텐츠는 게임이라 할 수 있다"라고 말했다.

더불어 "정부는 게임 산업 지원정책을 확대하고 건전한 생태계 조성을 위한 제도 개선에 최선을 다하겠다." 라며 "예비창업자와 인디게임사의 창의적인 아이디어가 게임으로 만들어질 수 있도록 지원 사업을 준비하겠다. 특히 인공지능, 가상현실 등 신기술 기반 게임이 개발되고 해외시장에 진출할 수 있도록 지원해 우리 게임이 세계시장을 선도하도록 하겠다." 라고 덧붙였다.

콘솔과 아케이드 시장에 대한 지원을 강화하겠다는 이야기도 이어지며 PC와 모바일 플랫폼으로 출시된 게임이 콘솔로 다시 제작되어 출시될 수 있도록 지원사업도 펼치겠다고 말하며 "아케이드 게임도 가족중심 게임이 만들어질 수 있도록 지원하고 사행성 논란에서 벗어나 잠재적 수요를 창출할 수 있도록 노력을 기울이겠다"라고 덧붙였다.

정부는 2021년은 게임 산업이 재도약하는 기회가 될 것으로 보고 비대면으로 급변하는 사회 속에서 게임 산업이 국가성장을 주도할 수 있도록 지원할 것을 약속한다는 입장이다.

77) 정부, 게임펀드 힘 싣는다…추진 나선 문체·중기/아이뉴스24

라. 2020 국내게임 순위

1) 종합 순위

The LOG가 제공하는 2021년 6월 4주차 게임 순위(종합)는 다음과 같다.[78]

순위	변동	게임명	장르	점유율
1	-	리그오브레전드	RTS	49.37%
2		서든어택	FPS	7.65%
3		배틀 그라운드		7.22%
4		오버워치		5.06%
5		로스트아크	스포츠	3.96%
6		피파온라인4	RPG	3.66%
7		스타크래프트 리마스터	RTS	3.1%
8		메이플스토리	RPG	2.97%
9		아이온		1.51%
10		던전앤파이터		1.14%

상위 10위 안에 든 게임에는 작년과 변화가 거의 없었으나 먼저 1위~10위권을 살펴보면 9위에 엔씨소프트에서 유통하고 있는 ‘아이온’ 이 새롭게 떠오른 것을 볼 수 있으며 ‘던전앤파이터’ 는 10위로 밀려났다.

‘리그 오브 레전드’는 1.71%, 메이플스토리는 0.17%의 상승률을 보였으나 피파온라인4는 1.31%, 서든어택은 0.97% 하락율을 보였다.

78) 2021년 6월 4주차 게임순위/ 더로그

장르별 점유율과 이용시간은 다음과 같다.

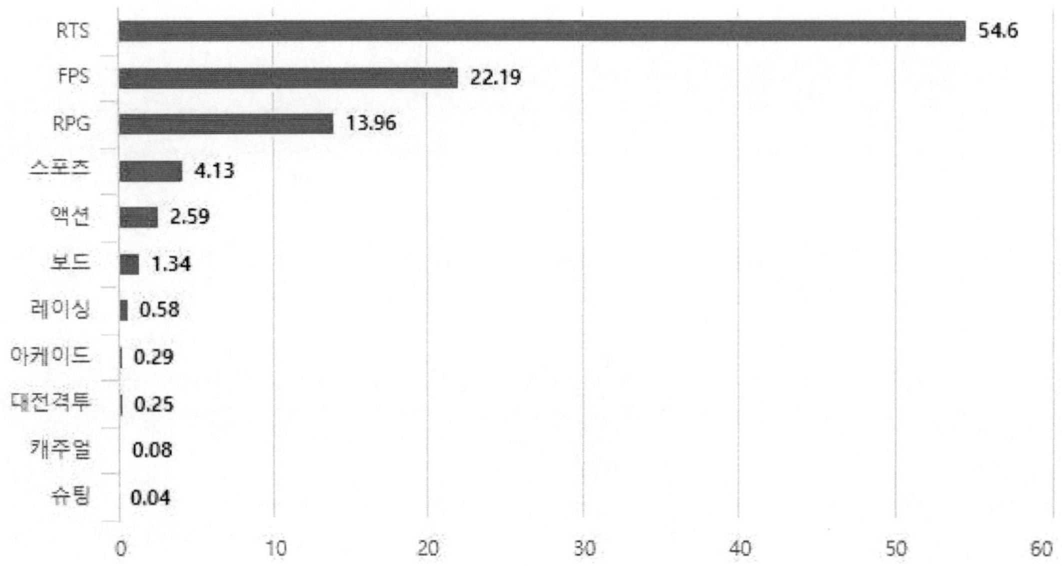

그림 81 게임 장르별 점유율

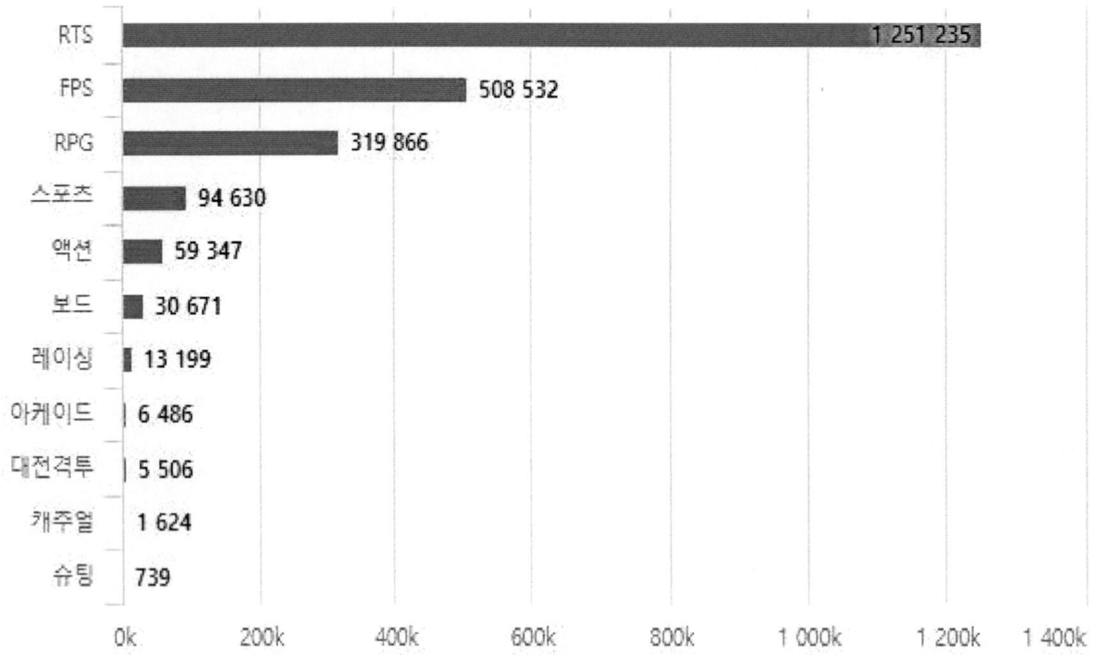

그림 82 게임 장르별 이용시간

2) 모바일 순위

한국 스마트폰 사용자를 대상으로 조사한 2021년도 6월 기준 모바일게임 순위는 다음과 같다.

순위	게임	장르
1	제2의 나라	롤플레잉
2	ROBLOX	어드벤처
3	트릭스터M	롤플레잉
4	쿠키런: 킹덤	롤플레잉
5	바람의나라 연	롤플레잉
6	리니지M	롤플레잉
7	세븐나이츠2	롤플레잉
8	원신	어드벤처
9	파이널기어	액션
10	브롤스타즈	액션

최근 출시한 '제 2의 나라' 가 부동의 1위였던 '쿠키런: 킹덤'을 추월했으며 지난 5월 출시한 '트릭스터M'은 곧바로 양대 마켓 인기와 매출 순위에서 좋은 기록을 남기고 있다.

다만, '바람의 나라' 가 '쿠키런: 킹덤'처럼 장기간 1위를 수성할 수 있을지에 대한 답은 아직 내리기 어려워 보이는데 이는 카카오게임즈가 서비스하는 '오딘: 발할라 라이징'은 6월 29일 오픈을 알렸기 때문이다. 덕분에 뚜렷한 기대작이 적었던 2021년 상반기 달리, 하반기는 치열한 경쟁이 펼쳐질 듯싶다.

또한 상위 10위 안에 이름을 올린 게임의 장르를 살펴보면 '롤플레잉'이 압도적인 것을 볼 수 있다.

마. 국내 최신 이슈

1) 새로운 게임 정책

문화체육관광부(이하 문체부)는 작년 10월에 게임물 등급 분류 중복 심의 방지를 위한 규정 개선을 발표했으며, 11월 2019 대한민국 게임대상에서는 문체부 장관이 직접 게임 관련 규제 관련 사항을 언급한 바 있다.

또한 게임물관리위원회는 게임물 등급 분류 중복 심의 방지를 위한 내용이 담긴 등급분류 규정 개정안을 11월 28일 공개했다. 이로 인해 2020년 이 개정안이 공표된다면 게임물 등급을 부여받은 게임은 추가 심의 없이 다른 플랫폼에 게임 출시가 가능해진다.

한편, e스포츠 산업 내에도 새로운 변화의 움직임이 일어나고 있다. 라이엇 게임즈와 한국e스포츠협회는 직접 2020년 e스포츠 제도 개선 방안을 발표했다. 이를 바탕으로 LCK 표준계약서 2020년 1분기 적용안 발표, 국내 선수의 계약서 전수 조사 및 불공정 계약 사례 조사, 법정대리인 참석 의무화와 같은 향후 개선안을 공개했다. 이외에도 향후 선수 최저 연봉 인상과 같은 복지 개선안도 공유한 바 있다.

한국e스포츠협회는 e스포츠 선수 표준계약서 조기 도입을 위해 관련 규정과 정관을 수립 중이며, 불공정 계약이 발생한 '리그 오브 레전드' e스포츠뿐만 아니라 다른 종목에도 표준계약서를 순차적으로 적용할 계획이라고 밝혔다.

이 밖에도 선수의 권익 보호를 위해 분쟁조정위원회 및 윤리위원회 운영 계획을 발표했다. 임시 민원접수센터 신설을 시작으로 2020년 상반기 출범을 목표로 하고 있다.[79]

하지만 2020년 한해 소식이 좀처럼 들려오지 않은 게임산업법 전부 개정안이 2020년을 2주 남짓 남겨두고 마침내 발의되었으나 평균적으로 법안이 발의되고 입법되기까지는 평균 수개월이 소요되며, 이 과정에서 추가로 법안을 가다듬을 필요성이 있는 경우에는 수년까지도 소요될 예정이다.

이 의원이 대표 발의한 게임산업법 전부 개정안은 등급분류 절차 간소화, 비영리 게임 등급분류 면제, 국내 대리인 지정 제도 등 그간 업계가 필요로 했던 내용들을 담고 있으며 특히 경미한 내용수정신고는 면제하도록 해 게임사들의 수고를 덜어낼 예정. 다만 확률형 아이템 표시 의무화나 위법 내용의 게임 광고 금지 등 최근 자율규제와 정부 주도의 규제 사이에서 논의가 활발한 사안들도 포함되어 있어 공통된 의견을 끌어내는 데에는 조금 더 시간이 걸릴 것으로 보인다.

문화체육관광부 오 차관이 "2021년을 게임 산업 재도약의 시기로 정의하고 다방면으로 지원을 강화한다"라고 말한 바 있는데 이는 코로나19로 사회 곳곳이 정체되는 가운데에서도 고공성장을 이어가고 있는 게임 산업 진흥에 힘을 쏟겠다는 말로도 풀이된다.

---

79) [2020 전망-게임] 변화와 쇄신 약속한 한국 게임 시장/비아이뉴스

 다만 게임산업법 전면 개정에 대한 논의가 예상보다 길어지면서 문체부가 재도약 시기로 지정한 2021년에 맞춰 법안이 통과될 것인지는 미지수이기에 걱정스러운 시선들도 나올 수밖에 없다.[80]

2) VR시장의 하락

 기대를 받아왔던 VR게임의 실적은 코로나19 이후 그리 좋아 보이지 않는다. 이론적인 낙관론은 있었다. 일상을 중단한 채 집안에 감금된 사람들이 현실 세계를 거닐지 못하는 갈증을 달래기 위해서라도 VR로 눈을 돌릴 수 있다는 기대였다. 때마침 출시된 <하프라이프: 알릭스(Half-Life: Alyx>는 게임 내 피아노 소품으로 실제 연주까지 가능한 극도의 양방향성을 선보이며 그런 기대감을 더욱 증폭시키기에 충분했다. 하지만 헤드셋의 공급망에서 일차적인 문제가 발생하여 이는 좌절되었다.

 그러나 설령 기기가 부족하지 않았더라도 코로나에 의한 봉쇄 조치 기간에 히트를
치려면 기기 한 대로 가족과 함께 즐기기에 적합하거나 친구들과 온라인상에서 쉽게 만날 수 있는 게임이어야 했으나 VR의 경우는 어느 쪽에도 해당 사항이 없다. 시스템 하나당 한 사람만 가상현실로 들어갈 수 있는 구조이기 때문에 가족 공동 플레이는 원천적으로 불가능하고, 친구들과의 소통 채널로 활용하기에는 PC나 스마트폰, 혹은 기존 콘솔에 비해 'VR 기기를 보유하고 있는 사람의 비율'이 현저히 떨어진다.

 VR의 압도적인 몰입감은 다른 어느 플랫폼도 따라올 수 없는 특징이자 장점이지만, 가택연금' 기간을 그럭저럭 재미있게 때울 수 있다면 족하며 가성비를 중요하게 추구하는 사람들에게 VR은 매력적인 선택지가 되기 힘든 조건들만 갖추고 있는 셈이다.이런 악조건에 코로나19 사태가 장기화되자 VR게임 시장의 또 다른 부분에서 붕괴음이 들려오기 시작했다. 일반 가정으로 헤드셋 보급이 아직 부족한 상황에서 몇 년 동안 대중과의 접점 역할을 해오던 VR 아케이드(소위 VR 게임장)들이 영업을 중단하거나 고객 감소에 따른 운영난을 버티지 못하고 잇따라 폐업 수순에 돌입하고 있다. [81]

3) 웹툰 IP활용게임 지원사업 활성화

 크래프톤, 컴투스, 엔씨소프트 등 게임업계에서 자사의 지적재산권(IP)를 활용하거나 독자 플랫폼을 운영해 웹툰, 드라마, 음악 등 콘텐츠 사업 확대에 속도를 내고 있다. 게임 외 고객 친화적인 콘텐츠를 통해 브랜드 인지도를 높이고 접점을 확대하려는 의도로 풀이된다.

크래프톤은 올해 자사의 유명 IP 배틀그라운드의 세계관인 '펍지 유니버스'를 담은 단편영화 '그라운드 제로'를 공개할 예정인데 '그라운드 제로'는 크래프톤이 펍지 유니버스를 활용해 처음 제작한 단편영화로, 영화배우 마동석이 죄수 마강재의 역할을 맡아 주연으로 출연한다.

80)해 넘긴 '게임산업법' 전면 개정, 2021년 게임산업 재도약 논하기엔 아직 이르다/게임포커스
81) 2021 게임산업동향

이와 함께 크래프톤은 이 작가의 '눈물을 마시는 새'와 '피를 마시는 새' IP를 활용한 게임 제작을 위해 비주얼 R&D 작업을 진행 중에 있어 글로벌 IP 사업화의 기반을 다지고 있다.

한편 컴투스는 자사의 글로벌 모바일 게임 '서머너즈 워' IP를 활용해 일찍이 북미 지역에서 출판 사업을 진행해오고 있다. 컴투스는 지난 4월 '워킹데드' 코믹스의 제작사 스카이바운드와 함께 제작한 서머너즈 워 IP 기반의 코믹스 시리즈 '서머너즈 워: 레거시'의 정규 에디션을 미국 현지에 출간했으며 이번 1편 공개를 시작으로 매월 정기적으로 후속 편을 선보일 예정이다.

이 밖에도 VFX·CG 전문 기업 위지윅스튜디오, 스토리 콘텐츠 기업 엠스토리허브, MZ세대 콘텐츠 기획사 클레버이앤엠, 디지털미디어 콘텐츠 제작 및 방송 미디어 기업 미디어캔 등 기업의 인수 및 투자를 통해, 주력인 게임 사업을 근간으로 웹소설·웹툰부터 영화·드라마·방송 및 애니메이션·공연·전시 등 다양한 문화 콘텐츠 분야의 경쟁력을 확보한다는 계획이다.엔씨소프트는 K-POP 엔터테인먼트 플랫폼 '유니버스'와 콘텐츠 브랜드 '피버'를 운영하고 있다.

게임업계 관계자는 "게임사들이 문화 콘텐츠 영역에서 다양한 시도를 하는 것은 MZ세대가 웹툰, 영화 등 다양한 콘텐츠를 활용하고 있기 때문에 브랜드 인지도 확대에도 효과가 있다"고 설명한다. [82]

4) 2021 플레이 엑스포 개최

경기도에서 올 여름 국내 최대 융복합 게임쇼 '2021년 플레이엑스포 전시회'(B2C)의 참관객을 사전 모집한다고 밝혔다. 올해 12회를 맞는 플레이엑스포는 경기도가 주최하는 수도권 최대 규모 게임 산업 전시회인데 지난해는 신종 코로나바이러스 감염증(코로나19) 확산으로 취소된 바 있다.

이번 행사는 온라인 생중계와 전시회를 병행한 융·복합 게임쇼며 전시장에서는 PC·모바일 게임은 물론 콘솔, AR·VR(증강·가상현실), 아케이드, 보드게임 등 장르별 다양한 게임 신작이 소개된다. 또한 전시장 메인스테이지에서는 국내외 게임신작 쇼케이스, 이(e)스포츠대회, 트위치 스트리머 이벤트 등 다양한 게임 콘텐츠를 즐길 수 있다.

플레이엑스포 전시회는 국내 최대 비디오 게임 커뮤니티인 루리웹과 공동 협력을 통해 글로벌 비디오 게임사의 적극적인 참여를 끌어냈다는 평가다. 블리자드, 닌텐도, 유비소프트, 에픽게임즈 등 유명 게임 개발사의 최신 정보와 함께 미공개 신작도 만나 볼 수 있다.

---

82) '콘텐츠'에 꽂힌 게임업계, 웹툰·드라마 등 IP 확대한다/뉴스웨이

바. 국내 주요 게임기업

1) 선정배경

APP ANNIE | #LEVELUP

Top Publisher Awards 2021

Top 10 South Korea Headquartered Overall Publishers

South Korea | Revenue

Rank	Company
1	NCSOFT
2	Netmarble
3	Kakao Corp
4	Webzen
5	GAMEVIL
6	NEOWIZ
7	NHN
8	SundayToz
9	Krafton
10	111%

Note: Top 10 is based on South Korea combined iOS App Store and Google Play overall revenue estimates from App Annie Intelligence for 2020.

2021년도 게임산업 분야 추천기업의 선정 기준으로는 두 가지 지표를 참고하려고 한다. 먼저, 앱 애니에서 2020년 IOS 및 구글 플레이 수익 합산 추정치로 소비자지출 기준 상위 게임 퍼플리셔 20위를 발표했다. 국내 기업 순위만 살펴보면 **1위는 엔씨소프트, 2위 넷마블, 3위 카카오, 4위 웹젠, 5위 게임빌, 6위 네오위즈** 등이 순위에 올랐다.[83]

1	엔씨소프트
2	넷마블
3	카카오
4	웹젠
5	게임빌
6	네오위즈
7	NHN
8	선데이토즈
9	크래프톤
10	111%

2021년 한국인들은 '네이버'의 앱을 가장 많이 다운로드 하고 '엔씨소프트'의 앱에 가장 많은 지출을 한 것으로 나타났다. 앱애니가 발표한 국내 모바일 앱 퍼블리셔 순위에 따르면 한국에서 가장 높은 다운로드를 기록한 퍼블리셔 1위는 '네이버'로 나타났다.

그 뒤를 이어 '카카오', 'SK그룹', '삼성그룹', 'KT'가 2위에서 5위를 차지했다. 앱 수익 기준으로는 '엔씨소프트', '넷마블', '카카오', '웹젠', '게임빌'이 각각 1~5위에 올랐으며, '카카오'는 다운로드와 앱 수익 상위 퍼블리셔에 모두 이름을 올린 유일한 기업으로 나타났다.

두 번째로는 한국기업평판연구소에서 2021년 6월, 게임 상장기업 브랜드평판 빅데이터 분석자료를 발표했다. 총 30위까지 발표했으며 **1위는 넷마블, 2위는 엔씨소프트, 3위는 펄어비스, 4위는 컴투스, 5위에는 골프존**이 올랐다. 따라서 이 두 지표에서 공통적으로 순위에 오른 기업들을 위주로 추천기업을 우선 선정하고, 그 외 기업을 소개하고자 한다.

83) 출처: 앱애니(appannie.com)

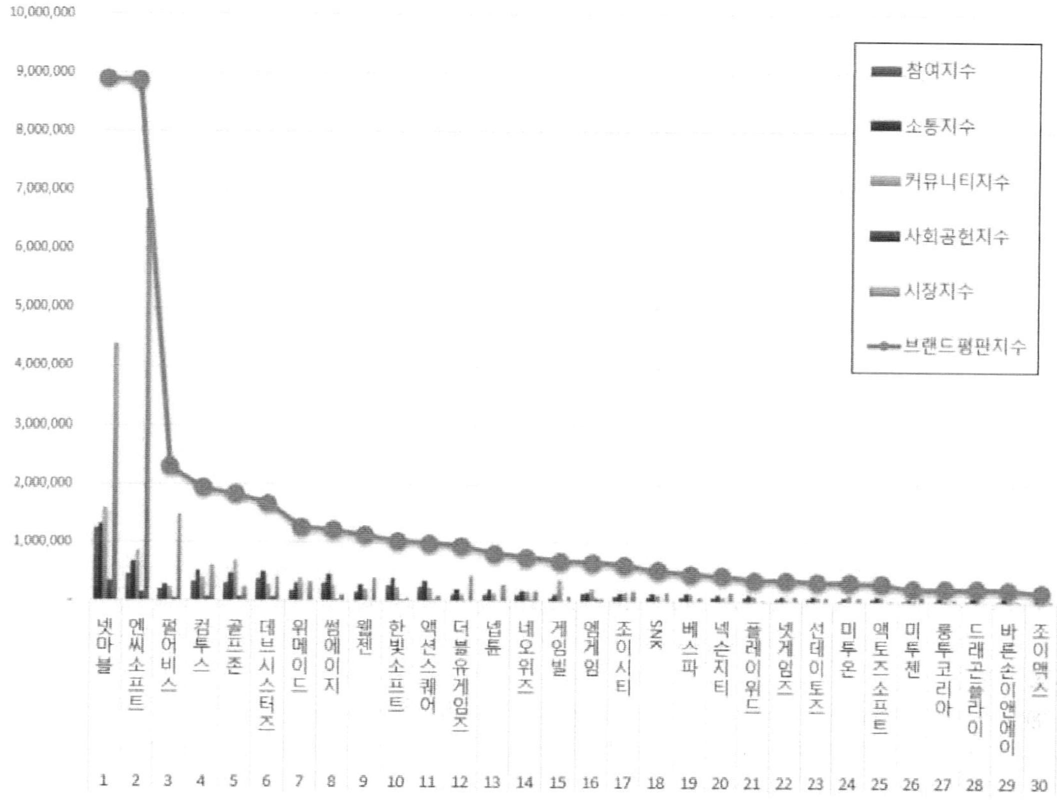

그림 84 게임브랜드 2021 6월 브랜드평판 상위 30위

1위, 넷마블 브랜드는 참여지수 1,254,755 소통지수 1,318,651 커뮤니티지수 1,581,207 사회공헌지수 361,797 시장지수 4,391,537이 되면서 브랜드평판지수 8,907,948로 분석되었다. 지난 5월 브랜드평판지수 6,582,212와 비교하면 35.33% 상승했다.

2위, 엔씨소프트 브랜드는 참여지수 463,289 소통지수 685,419 커뮤니티지수 861,270 사회공헌지수 174,346 시장지수6,690,288이 되면서 브랜드평판지수 8,874,612로 분석되었다. 지난 5월 브랜드평판지수 8,756,316과 비교하면 1.35% 상승했다.

3위, 펄어비스 브랜드는 참여지수 212,662 소통지수 290,465 커뮤니티지수 249,003 사회공헌지수 61,902 시장지수 1,485,333이 되면서 브랜드평판지수 2,299,366으로 분석되었다. 지난 5월 브랜드평판지수 2,143,601과 비교하면 7.27% 상승했다.

4위, 컴투스 브랜드는 참여지수 338,272 소통지수 519,831 커뮤니티지수 399,681 사회공헌지수 76,396 시장지수 605,606이 되면서 브랜드평판지수 1,939,786으로 분석되었다. 지난 5월 브랜드평판지수 2,008,000과 비교하면 3.40% 하락했다.

5위, 골프존 브랜드는 참여지수 318,845 소통지수 479,068 커뮤니티지수 689,279 사회공헌지수 84,388 시장지수 254,664가 되면서 브랜드평판지수 1,826,243으로 분석되었다. 지난 5월 브랜드평판지수 1,509,682와 비교하면 20.97% 상승했다.[84]

2) 주요 기업

가) 엔씨소프트

(1) 기업개요

기업명	(주)엔씨소프트
기업구분	중견기업, 코스피상장
대표자	김택진
업종	유선 온라인 게임 소프트웨어 개발 및 공급업
설립일	1997년 3월 11일
상장일	2000년 7월 11일 (최초 상장)
매출액	1조 7,011억 8,542만 (2019.12. IFRS 연결)
시가총액	20조 1,977억원
시가총액순위	코스피 14위

[85]

엔씨소프트는 온라인, 모바일 게임의 개발 및 서비스 제공을 포함한 디지털 엔터테인먼트 관련 인터넷 사업을 영위하고 있으며, 종속회사를 통해 소프트웨어 개발, 제조, 판매업, 프로야구 서비스업, 콜센터 서비스업 등도 영위 중이다. 엔씨소프트가 보유한 주요 게임은 '리니지', '리니지2', '리니지M', '리니지2M', '아이온', '블레이드앤소울' 등이 있다. 2021년 1분기에 넷마블에 1위를 빼앗긴 엔씨소프트는 2012년에 출시된 PC온라인게임 '블레이드앤소울'의 정식 후속작인 신작 모바일 MMORPG(다중접속역할수행게임) '블레이드앤소울2'로 실적 반등을 노리고 있다.

---

84) [브랜드평판] 게임 상장기업 브랜드 2021년 6월 빅데이터 분석결과...1위 넷마블, 2위 엔씨소프트, 3위 펄어비스

85) 네이버금융

(2) 최근이슈

ESG(환경 · 사회 · 지배구조) 경영위원회를 신설한 엔씨소프트가 향후 ESG 경영 활동에 있어 가장 중요한 4가지 핵심 분야를 공개했다. 지속가능한 성장 동력을 의미하는 'F.U.E.L'은 미래세대(Future generation)에 대한 고려, 사회적 약자(the Underprivileged)에 대한 지원, 환경 생태계(Ecosystem)의 보호, AI 시대의 리더십과 윤리(Leadership and ethics) 등으로 구성된다.

엔씨소프트는 AI 시대의 리더십과 유리 개선을 위해 'AI 프레임워크'라는 개념도 도입했다. 'AI 프레임워크'는 엔씨소프트의 ESG 연중 기획 프로젝트다. 미국 하버드대학교, 스탠포드대학교, 매사추세츠공과대학(MIT) 등 세계적인 석학과의 토론을 통해 AI 기술에 대한 새로운 관점과 방향을 제시하는 방식이다.

엔씨소프트는 미래 세대가 올바른 가치관을 바탕으로 기술을 개발하고 활용할 수 있도록 지원을 이어나간다는 방침으로 재단은 지난해부터 미국 MIT와 스탠포드대학가 이끄는 AI 윤리 커리큘럼 개발을 적극 후원하고 있고, 올해부터는 하버드대로 지원을 확대해 나갈 계획이다.

지구를 보호하기 위한 노력도 계속해 이어간다. 엔씨소프트는 비영리 국제 환경단체 '프로텍티드시즈'와 협업해 한국의 해양보호구역지도(MPA)를 올바르게 표기할 수 있도록 돕고 있다. 신사옥인 엔씨소프트 글로벌 연구개발혁신센터 역시 최고 수준의 친환경 인증을 목표로 건립을 추진하고 있다.86)

86) 엔씨소프트, ESG 경영 통해 '인공지능 리더십 · 윤리' 정립한다/ 조선비즈

나) 넷마블

(1) 기업개요

기업명	넷마블(주)
기업구분	중견기업, 코스피상장
대표자	권영식, 이승원
설립일	2011년 11월 17일
상장일	2017년 5월 12일
매출액	2조 1,786억 7,756만 (2019.12. IFRS 연결)
시가총액	8조 7,085억원
시가총액순위	코스피 31위

넷마블은 게임 개발 자회사가 개발한 게임 등을 퍼블리싱하는 사업을 전문적으로 영위하며, 넷마블넥서스㈜, 넷마블엔투㈜, 넷마블네오㈜ 등의 자회사는 모바일 게임 개발 사업을 담당하고 있다. 또한 동사는 구글플레이와 애플 앱스토어 2017년 매출을 기준으로 글로벌 3위의 게임 퍼블리셔로 선정된 바 있다. 주요 서비스는 모바일게임으로 '세븐나이츠', '모두의마블', '쿠키잼' 등이 있고 온라인게임으로는 '마구마구'가 있다.

2021년 상반기 넷마블의 모바일 역할수행게임(RPG) '제2의나라'가 애플 앱스토어와 구글 플레이스토어 매출 1위에 올라 장기간 게임 1위 자리를 고수해오던 엔씨소프트의 '리니지M' 시리즈를 제쳤다. 제2의나라는 일본 게임 개발사 레벨파이브와 스튜디오 지브리가 합작한 판타지 RPG '니노쿠니(ニノクニ)' 시리즈를 모바일 게임으로 만든 것으로, 카툰 랜더링 방식의 3차원(3D) 그래픽과 수준 높은 컷씬, 애니메이션 음악의 거장 히사이시 조를 음악감독으로 기용한 점이 특징이다.

(2) 최근이슈

넷마블이 모바일 신작 모바일게임 '제2의 나라: Cross Worlds(이하 제2의 나라)'로 흥행 질주 중이다. 방 넷마블 의장의 융합장르게임 전략이 통하면서 성과를 이끌었다는 분석이다.

제2의 나라는 사전 다운로드 6시간 만에 한국·일본 앱스토어 인기 1위, 한국 애플 앱스토어, 구글플레이 매출 1위를 기록하며 일본 구글플레이 매출 4위, 애플 앱스토어 3위 등의 성과를 기록했으며, 대만·홍콩·마카오에서는 구글플레이 매출 1위를 기록했다.

제2의 나라는 2021년 6월 중순 기준 일 사용자수(DAU) 68만 2340명을 기록하며, 전체 모바일 게임 사용자수 2위에 올랐다. 방 의장은 지난 2019년 부산 벡스코에서 열린 국제게임전시회 '지스타 2019' 현장 부스에서 "모바일 MMORPG 장르도 다양한 장르의 융합이 필요하다"며 "향후 미래는 융합장르게임으로 전환될 것"이라고 강조한 바 있다. 결과적으로 제2의 나라가 초반 잭팟을 터뜨리면서 방 의장의 전략이 또 한번 적중하게 된 것이다.

이 흥행은 넷마블 기업가치 상승으로 이어지고 있다. 예컨대 6월 23일 기준 넷마블 주가는 13만 500원으로 14만원 돌파를 목전에 두고 있다. 증권가 관계자는 "방 의장의 선제적인 대응이 제2의 나라 흥행으로 이어졌다"며 "글로벌 시장 영역 확장은 물론, 자회사들의 기업 가치를 높이는 데 일조할 것"이라고 내다봤다.[87]

87) 넷마블 '제2의 나라' 잭팟... 방준혁 '흥행 방정식' 통했다/뉴데일리

다) 펄어비스

(1) 기업개요

기업명	(주)펄어비스
기업구분	중견기업, 코스피상장
대표자	정경인
설립일	2010년 9월 10일
상장일	2017년 9월 14일
매출액	5,359억 3,650만 (2019.12. IFRS 연결)
시가총액	2조 8,514억원
시가총액순위	코스닥 6위

펄어비스는 2010년 9월 설립되어 연결회사 기준으로 게임소프트웨어의 개발 및 퍼블리싱 사업을 영위하고 있으며, '검은사막', '검은사막 모바일', '검은사막 Xbox One 및 PlayStation4', 'EVE Online'을 지역별로 직접 또는 퍼블리셔를 통해 서비스하고 있다. 2019년 12월에는 북미/유럽 및 아시아 지역 150여 개국 대상으로 '검은사막 모바일'의 글로벌 서비스를 개시하였다.

(2) 최근이슈

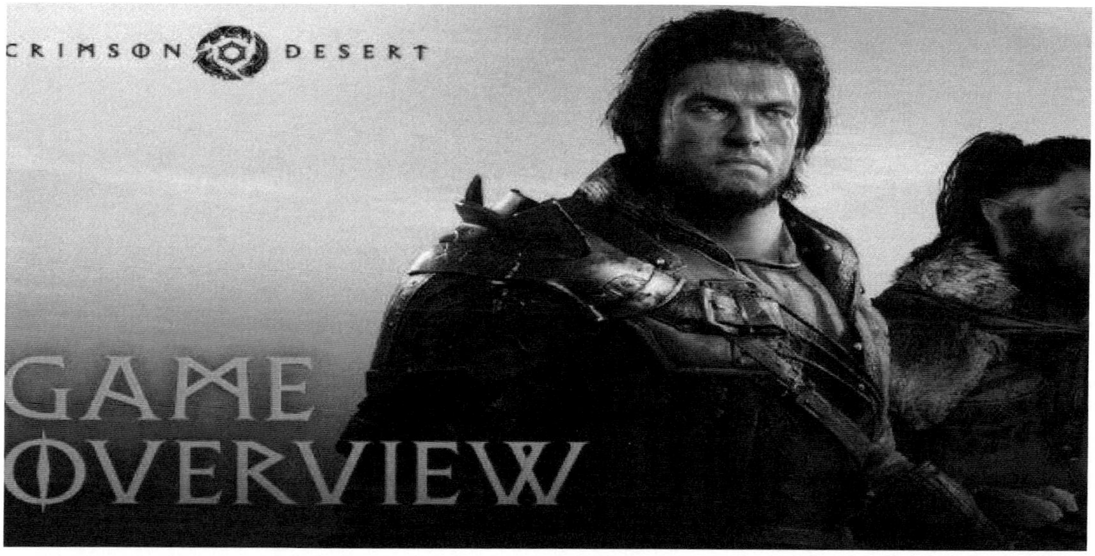

펄어비스는 지난해 12월에 2021년 4분기(10~12월) 중 내놓을 신작 '붉은 사막' 간담회에서 "올해의 게임상을 노리겠다." 와 같은 포부를 드러낸 바 있다. 글로벌 히트작 '검은 사막'에 이어 '붉은 사막'도 성공해 제2의 도약을 이루겠다는 것이었다. 이에 펄어비스의 김 의장은 준비 중인 붉은 사막, 도깨비 등의 신작 프로젝트를 직접 진두지휘 하고 있다. 펄어비스는 2021년 4분기 붉은 사막의 출시를 목표로 개발 중이다.

펄어비스는 한국 게임사가 취약하다고 평가받았던 PC와 콘솔 게임 분야에서 성공한 경험을 살려 한국 게임의 기술력을 다시 한 번 세계에 알릴 것으로 기대되는 자체 개발한 게임 엔진으로 제작한 게임을 국내외에 히트시킨 유일한 국내 회사다. 게임 엔진은 게임의 뼈대를 이루는 기반 프로그램으로 게임을 개발하는 것보다 난도가 높고 성공하기도 어렵다는 평가를 받는다. 엔씨소프트, 넥슨, 크래프톤 등 국내 주요 게임사들은 제작 기간을 단축시키기 위해 로열티를 내고 미국 에픽게임스 '언리얼 엔진', 덴마크 유니티 '유니티 엔진' 등 외국 범용 엔진을 쓴다는 점에서 펄어비스의 가치가 드러난다.[88]

88) '검은 사막' 대히트 펄어비스 "붉은 사막으로 다시 퀀텀 점프"/ 동아닷컴

라) 카카오 게임즈

(1) 기업개요

기업명	(주)카카오게임즈
기업구분	카카오계열사
대표자	남궁훈, 조계현
설립일	2013년 8월 22일
매출액	3,910억 4,019만 (2019.12. IFRS 연결)

카카오게임즈는 카카오 게임 전문 자회사로, 게임 퍼블리싱(유통) 플랫폼 엔진이 전신이다. 엔진은 2015년 카카오그룹으로 편입돼 2016년 다음게임과 합병했다. 이후 카카오게임즈로 이름을 바꿨다. IB 업계는 카카오게임즈 기업가치를 2조원으로 추산한다. 이는 국내 증시에 상장된 게임사 중 엔씨소프트, 넷마블, 펄어비스 다음으로 큰 규모다.

(2) 최근이슈

카카오게임즈가 6월 29일 기대 신작 MMORPG(다중접속역할수행게임) '오딘: 발할라 라이징(이하 오딘)'을 출시한다. 이 게임은 북유럽 신화 세계관에 방대한 공간에서 벌어지는 전투 콘텐츠가 특징으로 하며 모바일과 PC온라인 플랫폼 모두 플레이가 가능한 멀티플랫폼 게임이다. 언리얼엔진4와 3D 스캔, 모션 그래픽을 활용해 그래픽 수준을 끌어올렸다.

이 게임은 액션 RPG(역할수행게임) '블레이드'로 '대한민국 게임대상'을 수상한 김 대표의 라이온하트 스튜디오가 선보이는 첫 번째 작품이다. '삼국블레이드'의 이 PD와 '마비노기 영웅전' 등으로 유명한 김 아트 디렉터가 개발에 참여했다.

오딘은 북유럽 신화 세계관을 담고 있다. 로키와 그의 자손들이 다른 신에게 복수하기 위해 '라그나로크'를 일으킨 시점을 주요 사건으로 담았다. '아스가르드', '알브하임', '요툰하임', '니나벨리르' 등을 포함한 9개 대륙과 '오딘', '토르', '로키', '프레이야', '이둔' 등 다양한 신들이 등장한다.

카카오게임즈는 방대한 대륙에서 경험할 수 있는 오픈월드, 높은 자유도, 대규모 전쟁 콘텐츠를 경험할 수 있다고 설명했다. 이외에도 함께 플레이하는 파티 플레이와 인스턴스 던전, 수백명의 이용자들이 함께 싸우는 전투 공간 등도 차별화 요소로 내세우고 있다.

오딘에는 전사, 마법 등을 포함한 네 종류의 클래스가 제공되며, 이용자 간에 협동이 강조되는 콘텐츠에서 각자의 역할에 따라 재미를 느낄 수 있다. 클래스들은 각각 액티브 스킬과 패시브 스킬을 가지고 있으며 '연계 스킬', '조건부 스킬' 등의 기능을 통해 독창적인 전투를 구성할 수 있다.

이용자들은 오딘의 오픈월드에서 거의 모든 지역을 제한 없이 다닐 수 있으며, 벽을 기어 올라가거나, 건물 지붕에서 뛰어내리면서 공중의 탈 것을 타고 자유롭게 넓은 맵을 감상할 수도 있다. 이용자들은 이런 탐험과 높은 자유도를 통해 콘솔의 오픈 월드 게임을 경험할 수 있다.

오딘은 기본적인 길드 시스템뿐만 아니라, 길드 커뮤니티를 중심으로 길드원들이 합심해 보스를 잡는 '길드 협동 던전'이 있으며, 이용자끼리 팀을 이뤄 한 전장에서 대규모 혈투를 벌이는 '발할라 대전'을 통해 앞으로 다가올 공성전을 미리 체험할 수 있다. 같은 필드에 있는 이용자들간의 협동과 커뮤니티를 통해 거대 보스를 찾아 쓰러뜨리는 콘텐츠도 마련됐다.

카카오게임즈의 조 대표는 "게임을 미리 접해본 이용자로서, 오딘은 단연코 2021년 최고의 MMORPG가 될 것이라고 자신한다."며 "최고의 그래픽과 기술력을 선보일 MMORPG로, 북유럽 신화 속 광활한 오픈 필드를 PC와 모바일로 모두 경험할 수 있고, 방대하고 깊이 있는 스토리로 몰입감 있는 플레이를 즐길 수 있다"고 말했다.[89]

89) [2021 주목할 신작] ① 카카오게임즈 '오딘' 29일 출시... 오딘·토르 북유럽 신화 영웅 한곳에/아주경제

마) 게임빌

(1) 기업개요

기업명	(주)게임빌
기업구분	중견기업, 코스닥상장
대표자	송병준
업종	유선 온라인 게임 소프트웨어 개발 및 공급업
설립일	2000년 1월 10일
상장일	2009년 7월 30일
매출액	1,198억 6,085만 (2019.12. IFRS 연결)
시가총액	1,688억원
시가총액순위	코스닥 380위

게임빌은 모바일 게임 개발과 서비스를 주요 사업으로 하고 있으며, 미국, 싱가포르, 독일, 대만 등에 법인을 보유하고 있다. 게임빌의 주요 게임으로는 '피싱마스터', '몬스터워로드', '별이되어라!', '크리티카: 혼돈의 서막', '게임빌 프로야구 슈퍼스타즈' 등이 있다.

한편, 게임빌은 2019년 초 자회사 컴투스와 동사간 해외 법인 통합 작업을 완료해 마케팅 채널을 단일화하고 글로벌 IP를 확보하였으며, 컴투스 지분도 추가로 매입하였다.

(2) 최근이슈

게임빌은 킹미디어가 제작한 전략 RPG '이터널소드(영문 타이틀: Eternal Sword)'의 글로벌 퍼블리싱 계약을 체결했다고 최근 밝혔다. 이터널소드는 다양한 영웅들을 키우는 재미와 전략적인 대규모 전투가 어우러진 게임이다. 캐릭터들을 부대 단위로 지휘하고 실시간 대규모 난전을 펼치는 재미를 선사해 국내 유저들에게 호평을 받고 있다. 게임빌은 이터널소드를 최적화 과정을 거쳐 하반기 글로벌 시장에 선보인다는 계획이다.

2020년 2월 국내 출시된 이터널소드는 유저들의 입소문과 검증된 게임성을 바탕으로 1년 넘게 안정적인 서비스를 이어오고 있으며 게임빌은 다양한 게임들을 해외 시장에 서비스한 노하우를 적용해 이터널소드를 글로벌 성공작으로 키워나갈 예정이다.

한편, 게임빌은 올해 상반기부터 유저들에게 게임성으로 인정받은 유망 게임들을 발굴하고 글로벌 흥행요소를 결합해 글로벌 시장에서 성공시키는 게임사업 전략을 확대해나가고 있다.[90]

90) 게임빌, 모바일게임 '이터널소드' 글로벌 퍼블리싱 계약 체결/ 뉴데일리

바) 네오위즈

(1) 기업개요

기업명	(주)네오위즈
기업구분	중견기업, 코스닥 상장
대표자	문지수
업종	기타 게임 소프트웨어 개발 및 공급업
설립일	2007년 4월 26일
상장일	2007년 7월 2일
매출액	2,544억 9,803만 (2019.12. IFRS 연결)
시가총액	5,906억원
시가총액순위	코스닥 85위

네오위즈는 온라인, 모바일 게임 개발과 퍼블리싱(유통), 게임 포털 '피망' 등을 주요 사업으로 하며, 유료 아이템 판매, 광고 등을 통해 수익을 창출하고 있다. '피망포커', '피망섯다', '피망뉴맞고', '브라운더스트', '킹덤오브히어로' 등이 동사가 보유한 주요 게임이며, 매출은 내수 67.4%, 수출 32.6% 등으로 구성된다. 한편, 네오위즈는 네오위즈플레이스튜디오, 게임온 등을 연결대상 종속회사로 보유하고 있다.

(2) 최근이슈

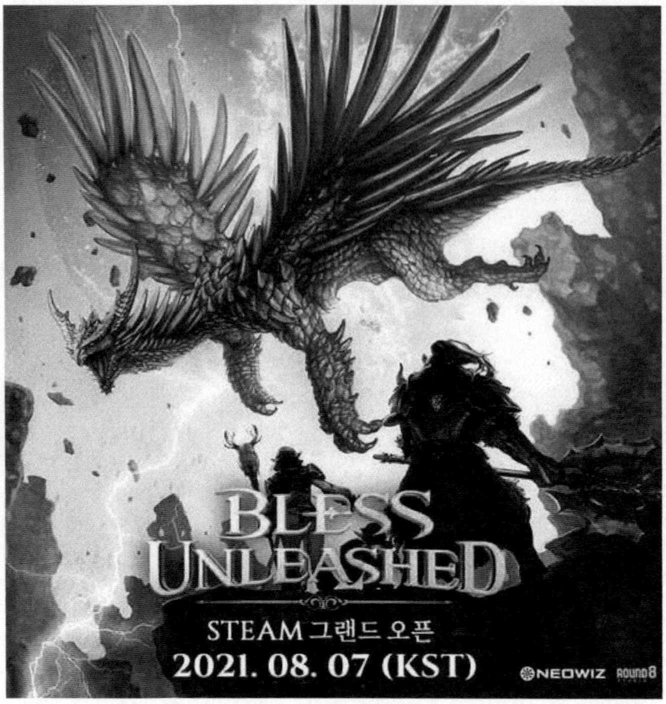

네오위즈는 자체 개발 MMORPG '블레스 언리쉬드 PC'를 오는 8월 7일 '스팀'을 통해 출시한다고 밝혔다. '블레스 언리쉬드 PC'는 콤보 액션과 오픈 월드 기반의 PC MMORPG로 각종 보스 및 몬스터들과의 전략적인 전투는 물론 다채로운 이용자간 대결, 각종 던전 등이 특징이다.

지난 5월 진행된 파이널 테스트에는 약 40만 명의 이용자들이 참가했으며 최대 동시 접속자 수 4만5000명을 기록하기도 했다. 현재 '스팀' 출시 예정작 인기 찜 목록 글로벌 13위, 사전 예약자 100만 명 돌파 등 기대감을 높이고 있다.

네오위즈는 '블레스 언리쉬드 PC'를 '스팀'에서 먼저 서비스를 시작하고 추후 공식 플랫폼에서도 서비스를 개시한다.[91]

91) 네오위즈, '블레스 언리쉬드 PC'…8월 7일 '스팀' 출시/ 매일경제

사) 컴투스

(1) 기업개요

기업명	(주)컴투스
기업구분	중견기업, 코스닥 상장
대표자	송병준
업종	모바일 게임 소프트웨어 개발 및 공급업
설립일	1998년 7월 31일
상장일	2007년 7월 6일
매출액	4,692억 9,308만 (2019.12. IFRS 연결)
시가총액	1조 3,214억원
시가총액순위	코스닥 23위

컴투스는 모바일 게임 개발과 공급을 주요 사업으로 하고 있으며, 주요 게임으로는 '서머너즈 워', '스카이랜더스', '타이니팜', '컴투스프로야구', '골프스타', '낚시의 신' 등이 있다. 2000년대 초부터 해외 시장에 진출해 현재 매출의 80% 이상이 해외에서 발생하고 있으며, 서머너즈 워는 애니메이션, 코믹스, 소설, 영화 등 신규 사업으로의 확장을 진행하고 있다.

(2) 최근이슈

컴투스는 최근 '서머너즈워: 백년전쟁'에 신규 스페셜 모드 추가와 여름 콘셉트를 적용한 3시즌 업데이트를 실시했다고 밝혔다.

이번 3시즌에서는 새로운 대전 규칙으로 색다른 전투 경험을 제공하는 스페셜 모드 3종이 주간 단위로 적용되며 7월 1일까지는 몬스터의 스킬 사용시 마나 대신 체력이 소모되는 '혈투전'이 운영된다. 이후 8일까지 대전 중 아군의 몬스터가 사망할 때 마다 무작위로 스펠 카드가 제공되는 '스펠전', 22일부터 29일까지 상대방과 동일한 랜덤 덱으로 전투가 진행되는 '미러전'이 순차 적용된다.

여름 분위기를 느낄 수 있는 각종 콘텐츠도 선보였다. 메인타이틀 및 몬스터 소환 배경이 여름 분위기로 변경됐으며 '베르데하일', '메간', '세아라' 등 몬스터 3종의 여름 형상변환 아이템도 추가됐다. 다이아 및 마스터 등급 대전 모드에서는 해변 배경의 신규 맵도 제공될 예정이다.

이외에도 일정 기간 연맹원이 함께 모은 별 개수에 따라 획득하는 연맹 상자, 주간 미션을 통해 각종 보상을 획득할 수 있는 배틀 패스 등도 도입됐다.[92]

92) 컴투스 '백년전쟁', 3시즌 업데이트…스페셜 모드 등장/ 매일경제

아) 골프존

(1) 기업개요

기업명	(주)골프존
기업구분	중견기업, 코스닥 상장
대표자	최덕형, 박강수
업종	기타 게임 소프트웨어 개발 및 공급업
설립일	2015년 3월 3일
상장일	2015년 4월 3일
매출액	2,470억 1,809만 (2019.12. IFRS 연결)
시가총액	4,499억원
시가총액순위	코스닥 115위

골프존은 2015년 3월에 설립되어 본사를 거점으로 한국 및 해외 6개 법인 등 동종업종을 영위하는 종속회사로 구성된 기업이다. 사업부문별로 보면 골프시뮬레이터 판매 및 가맹/직영점을 운영하는 스크린 골프사업과 골프시뮬레이터 설치 및 유지보수 사업이 있으며, 골프시뮬레이터(Golf Simulator, GS)에 사용되는 S/W 및 H/W를 자체 기술인력으로 개발하여 판매하고 있다.

(2) 최근이슈

골프존은 최근 중국에서 스크린골프와 함께 회사에 대한 관심이 높아지면서 골프존 투비전(TWO VISION) 시스템을 사용하는 매장(시스템 10~20대가 설치·운영 중인 매장)이 늘고 있다며 국내에 이어 중국에서도 스크린골프 대중화 정착을 추진하고 있다.

이에 따라 골프존은 투비전&비전(TWO VISION&VISION) 시스템 17대와 GDR 시스템 14대가 설치된 전용면적 800평 규모의 초대형 플래그십(Flagship) 매장인 골프존파크 1호점을 중국 베이징에 처음 열었으며 중국 내 오픈·운영되고 있는 기존 85개 상업 매장에 더해 연내 약 100개의 매장의 추가 마련을 목표로 한다.

골프존은 중국 진출에 그치지 않고 현지 실내 골프문화 정착을 추진 중이며 이 회사는 중국 문화 소외지역 청소년을 위한 문화 교류를 목적으로 지난달 한국국제문화교류진흥원(KOFICE)과 '민관협력 해외사회공헌 사업 협약'을 맺었으며 중국의 문화 소외지역을 중심으로 골프수업을 진행하고 있는 학교 10곳에 GDR 시뮬레이터 20대와 골프 클럽을 기증할 방침이다. KOFICE와 골프를 매개로 골프 문화 프로그램 등 한·중 교류 프로그램 개발도 계획하고 있다.

골프존은 실시간 스윙 영상 전송 기술, 대규모 샷 데이터의 처리 등 모두 478건(국내 182건·해외 296건, 출원 등록 포함)에 달하는 특허를 보유하고 있으며 항공 촬영과 3D 이미지 변환, 디자인 작업 등을 통해 250여개 국내 골프코스를 제작·서비스하고 있다. 골프존 시뮬레이터의 경우 미국 골프전문지 골프다이제스트의 에디터스 초이스 시스템·장비 부문에서 2017~2021년까지 5년 연속 '베스트 골프 시뮬레이터'로 선정되기도 했다.[93]

---

93) 골프존, 中 스크린골프 대중화 추진…"기술력 기반 해외시장 공략"/조세일보

자) 웹젠

(1) 기업개요

기업명	(주)웹젠
기업구분	중견기업, 코스닥 상장
대표자	김태영
업종	유선 온라인 게임 소프트웨어 개발 및 공급업
설립일	2000년 4월 28일
상장일	2003년 5월 23일
매출액	1,760억 5,192만 (2019.12. IFRS 연결)
시가총액	7,239억원
시가총액순위	코스닥 62위

웹젠은 온라인과 모바일 게임 개발, 서비스를 주요 사업으로 하고 있으며, '뮤 온라인', 'R2', 'Metin2', '샤온라인', '뮤 오리진 1'등이 웹젠의 주요 게임이다. 자체 플랫폼 webzen.com을 통해 글로벌 게임 퍼블리싱(유통) 사업과 자사 IP를 활용한 IP 제휴 사업도 하고 있으며, 매출은 '뮤('뮤오리진2', '정령성전'등) 76%, 'R2' 6%, '샤온라인' 3%, '메틴2' 4%, webzen.com 2% 등으로 구성된다.

(2) 최근이슈

웹젠은 오는 7월 1일 PC온라인게임 '썬'의 리부트 버전인 PC MMORPG '썬 클래식'을 출시한다고 밝혔으며 '썬 클래식'을 오픈 리부트 서버로 선보일 예정이다. 오픈 리부트 서버는 일정 기간마다 초기화되고 경험치와 아이템의 획득률은 일반 서버보다 높아 캐릭터의 빠른 성장이 가능한 특화 서버다.

웹젠은 "오픈 리부트 서버에서 콘텐츠를 빠르게 경험할 수 있는 게임 환경을 제공할 계획"이라며 "'썬 클래식'의 진입장벽을 낮춰 이용자들이 게임에 원활하게 적응할 수 있을 것"이라고 설명했다. 또한 '썬 클래식'의 이벤트 페이지에 게임음악을 감상할 수 있는 OST 영상과 개발자 인터뷰 예고 영상 등도 공개하며 이용자의 관심을 유도했다.

'썬 클래식'은 필드와 던전 등에서 사냥을 즐기고 각종 장비와 아이템을 수집하는 '파밍' 요소를 확대했으며 스킬 조합에 따라 PvP 또는 PvE에 특화된 캐릭터로 육성할 수 있는 성장 환경도 마련했다.[94]

---

94) 웹젠, '썬 클래식' 7월 출격…오픈 리부트 서버로 진입장벽 '완화'/ 매일경제

차) 넥슨지티

(1) 기업개요

기업명	넥슨지티(주)
기업구분	중견기업, 코스닥 상장
대표자	신지환
업종	모바일 게임 소프트웨어 개발 및 공급업
설립일	1991년 1월 3일
상장일	2000년 7월 25일
매출액	302억 1,478만 (2019.12. IFRS 연결)
시가총액	3,909억원
시가총액순위	코스닥 137위

넥슨지티는 게임소프트웨어 개발, 판매 서비스를 주요 사업으로 하는 기업으로, 온라인게임 서든어택(FPS)과 모바일게임 A.x.E(MMORPG)가 동사의 주요 게임이다. 서든어택은 온라인 FPS 게임으로 연결기준 동사 매출의 약 48.7%를 차지하고 있다.

A.x.E(MMORPG)는 2018년 11월 일본 서비스, 2019년 2월 글로벌 서비스를 시작하였으며, 해외 매출 확대를 위해 신규 콘텐츠 강화와 업데이트를 진행하고 있다.

(2) 최근이슈

넥슨은 모바일게임 '카트라이더 러쉬플러스(이하 카러플)'의 첫 정규 e스포츠 대회 '2021 신한은행 헤이영 KRPL 시즌1'의 개막전을 최근 성황리에 개최했다.

이 행사는 본선 8강 진출팀 중 6개 팀과 개인전 32강 A조 8명의 선수가 참여해 레이스를 펼쳤다. 개막전 첫 경기를 장식한 'NTC Creators(이하 NTC)'와 'BARREL' 팀은 스피드전과 아이템전 두 세트에서 각각 1점씩을 획득하며 접전을 펼쳤고 마지막 세트 에이스 결정전에서 'NTC' 소속 'JJong' 한종문 선수가 시원한 질주를 선보이며 'BARREL'의 'GAORI' 성시우를 꺾고 팀의 첫 승리를 이끌어냈다.

이어진 'On And On'과 'SGA 인천', 'AnyThing'과 'SWIFT' 팀 대결에서는 'SGA 인천'과 'SWIFT' 모두 상대팀을 상대로 특히 스피드전에서 압도적인 실력을 선보이며 1승씩을 쟁취했다.

이번 대회는 '카러플' 공식 유튜브, 카트 라이더 e스포츠 유튜브 및 트위치, 아프리카TV, 틱톡을 통해 생중계된다.[95]

---

95) 넥슨, 첫 정규 '카러플' 리그 온라인 개막/프레스맨

6. 참고사이트

6. 참고사이트

1) catch.co.kr
2) LG전자, 화면 키워 잘 보이는 '셀프 주문' 키오스크 출시,매일경제,2022.04.05
3) 인크루트
4) 코리아센터, 키오스크 1위 '씨아이테크'에 '스탬프팡'솔루션 공급, 황상욱, 부산일보, 2020.06.22
5) 씨아이테크, 무인민원발급기 지자체 납품 조달 등록, 한경, 2022.02.28
6) 복사기 들여놓는 편의점, 재택근무 플랫폼 노린다, 한국경제, 2020.07.16
7) BGF리테일, 무인리테일 테크·보안산업 활성화 앞장, 신아일보, 2021.12.28
8) BGF리테일, 美 무인결제 솔루션 스타트업에 123억 투자, 전자신문, 2021.11.18
9) 잡코리아
10) 인크루트
11) GS25, 업계 최초 무인점포 원격관리 솔루션 '무인이오' 도입, 뉴스와이어, 2022.01.10
12) SK쉴더스-GS리테일, '무인화 시장' 선도 나섰다, 이지경제, 2021.11.24
13) catch.co.kr
14) 인크루트
15) 슈프리마, BGF리테일과 '안심스마트점포' 관련 기술 협력 강화 / 슈프리마
16) 사람인 채용공고
17) 사람인
18) catch.co.kr
19) [소비자민원평가대상-보안] 에스원, 무인 감시 솔루션 등 첨단 시스템 호평 / 소비자가만드는신문
20) 잡코리아
21) 무인화 시대, 모바일 플랫폼 역할 확대, 삼성증권, 2019.10.11
22) 엘리비젼(276240), 하이투자증권, 2021.06.10
23) 무인화 시대, 모바일 플랫폼 역할 확대, 삼성증권, 2019.10.11
24) "스마트주문→네이버주문" 확대…수수료 공짜인 '비대면주문' 왜 키울까, 뉴스원, 2021.04.05
25) 브알라, 카카오톡 챗봇 주문 서비스·나우 웨이팅 키오스크 도입, 연합뉴스, 2020.07.10
26) 생체인식 기술 및 시장동향, 연구성과실용화진흥원, 2016.02
27) 생체인식, IR협의회, 2021.07.29
28) 출저: <보안시스템의 새로운 물결, 바이오 메트릭스 시장이 뜬다.>
29) 탈중앙화 신원증명(DID), 데이터의 주권은 '개인'에게 있다!, 코스콤리포트
30) 유통 4.0이란, 유통산업에 인공지능(AI: Artifical Intellingence), IoT(Internet of Things)등 4차 산업혁명기반 기술들이 활용되면서 유통서비스 초지능·초실감·초연결화가 실현된 현상을 말한다. 유통 4.0으로 거래비용이 크게 절감되는 등 효율성이 증대되었고, 제조사와 고객 간 정보 비대칭성이 크게 완화되었다.(자료: 삼정 KPMG 경제연구원) 산업통상자원부는 유통 4.0시대의 세가지 특징을 ①산업 내/산업간 융합에 따른 업태간 경계의 붕괴, ②기술혁신에 따른 가치창출ㄹ 원천의 근본적 전환, ③ 국경간 장벽으 ㅣ완화로 인한 국내외 시장 통합으로의 가속화로 설명했다.
31) 자료: 삼성 KPMG 경제연구원
32) 무인화 시대, 모바일 플랫폼 역할 확대, 삼성증권, 2019.10.11
33) 엘리비젼(276240), 하이투자증권, 2021.06.10
34) 자료:통계청 경제활동인구 조사(2021)
35) <무인포스 확산…햄버거 주문이 버거운 노인>, 블로터
36) 출저: 한국정보화진흥원, '2021 디지털 정보격차 실태조사'
37) 2020년 7월 정부는 관계부처 합동으로 그린 뉴딜(저탄소·친환경 경제로의 전환 유도)과 함께 디지털 뉴딜(디지털 경제로의 전환 유도) 정책을 추진하기 위한 「한국판 뉴딜 종합계획」을 발표하였다.
38) 금융안정보고서, 한국은행, 2020.12
39) 디지털 전환에서 두각 보이는 신한은행...디지털 점포 3종 런칭, '2022 CES'에 AI 시스템도 출품, 컨슈머뉴스, 2021.12.31
40) KB국민은행, AI은행원 키오스크 순차 오픈, 경인매일, 2022.01.26
41) KB국민은행, 수도권 혼잡점포 내 '화상상담 서비스' 시범 도입, 아주경제, 2021.12.13
42) 하나은행, 출입 무인결제 등 오프라인서도 얼굴인증 서비스 확대한다, 푸드경제신문, 2022.01.21
43) CU서 하나은행 업무 본다...상업자 표시 편의점 국내 첫 오픈, 전자신문, 2021.10.12
44) 왕복 20㎞ 날아 의약품 배달… 美 '드론 배송' 첫 상용화, 조선일보, 2022.04.14
45) 청소·택배·셔틀버스, 이미 자율주행 완성… 국내 최고기술, 조선일보, 2022.04.01
46) 사진 출저: 롤스로이스
47) 경남도, 해검Ⅱ 운항 등 `무인선박` 실증 성공, 매일경제, 2020.09.23

48) 0.3초만에 얼굴인식… `비대면 솔루션` 늘리는 물리보안 빅3, 디지털타임스, 2020.09.07
49) [SECON & eGISEC 2022] 슈프리마, 무인매장 및 3세대 보안 솔루션으로 참관객 눈길 사로잡아, 보안뉴스, 2022.04.20
50) 에스원 R&D센터, 차세대 보안 기술 개발 '산실, 전자신문, 2022.04.24
51) HN-HN시큐리티-에이치닥테크놀로지, 제21회 세계 보안 엑스포서 미래 보안 기술 선보여, EPNC, 2022.04.21.
52) [산업리포트]'무인 편의점' 확산…신소매 생태계 커진다, 전자신문, 2021.08.10
53) 현대백화점 무인매장 '언커먼 스토어' 누적 방문객 10만명 돌파, 아이뉴스24, 2022.03.31
54) MZ Report-20] MZ는 무인점포에서 쇼핑한다, 한국섬유신문, 2022.01.14
55) 청춘세탁, 비대면 로봇 세탁 서비스 시범운영, 로봇신문, 2020.09.15
56) 열린, 24시 헬스장 프랜차이즈 '오픈짐' 1호점 의정부에 론칭, 한국데이터경제신문, 2020.02.11
57) 中 상하이 '코로나19' 봉쇄 속 무인 로봇 카페 화제, 로봇신문, 2022.04.05
58) [포토] '로봇이 만든 커피 마셔볼까'...고속도로 휴게소에 속속 등장하는 '로봇', 중앙신문, 2022.03.29
59) <일본을 넘어선 한국의 무인사물함, 기술이 중요한 이유>, CLO(2017.01.03)
60) 자료 : 과학기술정보통신부(2018. 1), "무인이동체 기술혁신과 성장 10개년 로드맵".
61) 드론 서비스 시장, 연구개발특구진흥재단, 2019.12
62) 자료: IHS
63) 실리콘밸리에서 미래자동차의 모습을 보다 - ③ 4차 산업혁명시대 융복합 기술의 결정체: 자율주행 자동차, 이지현, KOTRA, 2020.04.28
64) 세계의 자율주행차 시장 전망, 연구개발특구진흥재단, 2018.11
65) 2026년 90조원 드론 시장…'후발 주자' 한국, 상업용 드론 정조준, 조선비즈, 2020.06.29
66)『4차 산업혁명 기반 드론 산업』국내외 동향연구 보고서, 경상북도, 2019.11
67) 출처: 자동차전용도로 자율주행 핵심기술 개발사업, 한국과학기술기획평가원
68) 스마트카, 한국 IR협의회, 2020.07.02
69) 중소기업 전략기술로드맵 2021-2023 스마트시티, 중소벤처기업부
70) 사이버 보안 시장, 연구개발특구진흥재단, 2018.12
71) 클라우드 보안 시장, 연구개발특구진흥재단, 2021.04
72) 대화형 키오스크 시장, 연구개발특구진흥재단, 2021.03
73) 생체인식 시스템 시장, 연구개발특구진흥재단, 2021.04

초판 1쇄 인쇄 2023년 12월 06일
초판 1쇄 발행 2023년 12월 11일

편저 미래기술정보리서치
펴낸곳 비티타임즈
발행자번호 959406
주소 전북 전주시 서신동 780-2 3층
대표전화 063 277 3557
팩스 063 277 3558
이메일 bpj3558@naver.com
ISBN 979-11-6345-490-8 (13560)

이 도서의 국립중앙도서관 출판예정도서목록(CIP)은 서지정보유통지원시스템홈페이지(http://seoji.nl.go.kr)와 국가자료공동목록시스템(http://www.nl.go.kr/kolisnet)에서 이용하실 수 있습니다.